Verlag: BoD · Books on Demand GmbH, Überseering 33,
22297 Hamburg, bod@bod.de
Druck: Libri Plureos GmbH, Friedensallee 273, 22763 Hamburg
ISBN: 978-3-8192-9670-3

NIRWANA

IN VERSEN

„Es gibt keinen Weg zum Glück,
Glücklichsein ist der Weg!"
Buddha

Nirwana

Das Nirwana.
Ewiges Mysterium
Und Lösung aller
Probleme.

Nirwana ist
Und ist nicht.
Nirwana ist weder Sein
Noch Nicht-Sein.

Verwirrend spricht
Das Mahayana
Von der großen Wahrheit
Des Nirwanas.

Buddha ist Buddha,
Denn Buddha ist Nirwana.
Ohne Karma und frei von Leid
Soll er gewesen sein.

Ich glaube ihm
Und nahm Zuflucht.
Nun lässt mir keine Ruh,
Zu verstehen, was das mysteriöse
Nirwana tut?!

Karmisch frei

Nirwana
Ohne Drama.
Nirwana
Frei von Karma.

Immer nur
Nirwana.
Immer frei
Von Leid.

Denn Nirwana
Verwandelt.
Das Nirwana
Verspricht Glück.

Lebe Nirwana
Durch den Dharma.
Werde zum Buddha
Im nirwanschen Schein.

Reines Nirwana
Ohne Reste.
Keine Unterschiede
Im Nirwana, nur
Die höchste Wahrheit.

Frei von Karma

Karmische Tropfen
Verstopfen den Fluss
Erleuchteter Energien.

Reinige dein inneres Haus
Von dem Erbe
Vergangener Taten.

Lass reifen, was heilt
Und reiße heraus
Alle Bösartigkeit.

Der karmische Fluss
Bietet Genuss
Und heftigen Frust.

Wie ein Tischtennisball
Springt dein Leben,
Solange du nicht verwehst.

Löse jeden Rest an Karma.
Beende den Weltenlauf
Und lächele im Nirwana.

Das Meer der Leere

Buddha ist Buddha,
Weil er Nirwana war.
Aber was war Nirwana,
Wenn Buddha leer war?

Leere im ewigen Meere
Der mächtigen Seher.
Nirwanas Glanz erstrahlt
Wie ein goldener Schatz.

Die Tage des Leidens
Werden für immer weichen,
Wann immer ein Wesen
Im Nirwana verweht.

Das Glück kommt zurück
Und überbrückt allerlei.
Denn Nirwana heilt
Besser als alle Medizin.

Buddha lebte Nirwana
Frei von allem Karma.
Jeder kann Nirwana leben
Auf Buddhas Wegen.

Ungeboren

Die Hoffnung stirbt,
Wenn du realisierst,
Dass dieses Leben nicht
Das Ende ist.

Die Wiedergeburt
Ist die einzige Furt
Aller Verblendeten.

Wir ergreifen und
Jedes Ergreifen
Wird reifen.

Erst der Gelöste,
Der Sehende und
Vollerwachte löst sich.

Seine Schritte sind
Des Nirvanas Kind
Und frei von Leid.

Im Nirvana endet
Jede Wiedergeburt
In der totalen Freiheit.

Wahr

Tun,
Tun,
Tun
Und niemals ruhen,
Bis Nirwana erreicht.

Ein Pfad.
Acht Schritte.
Könnte es leichter sein,
Alles Leid loszuwerden?

Ein Mann,
Der unser Beweis war
Und dessen Lehre fortwirkt.

Ein Traum
In unser aller Herzen:
Nie wieder leiden,
Nie wieder Sorgen,
Nie wieder Probleme.

Buddha hat den Traum
Für sich und für uns alle
Wahrgemacht.

Verluste

Eine Hoffnung
Zerbrochen.
Ein Wunsch
Unerfüllt.

Die Welt verspricht,
Aber hält es nicht.
Das Leben strahlt zuerst
Und dann verwelkt's.

Wir versuchen,
Alles festzuhalten.
Es wird uns
Durch die Hände gleiten.

Vergänglich ist
Alles Weltliche.
Nur das Ungeborene
Nirwana nicht.

Wähle Nirwana
Als Pfad des Glücks.
Sieh nie mehr zurück
Auf Samsara und rette,
Was zu retten ist.

Lügen und betrügen

Illusion
Als Attraktion.
Sie wissen,
Es ist eine Lüge.
Sie lassen sich,
Freiwillig betrügen.

Eine Wahrheit
Gibt es auch.
Mach die Augen auf
Und erwache.
Blicke Nirwana
Ins Angesicht.

Lügen und
Betrügen.
Oder sehen und
Erleben, wie Glück
Laut erklingt.

Spiegelbilder
Und süchtige Spiele
Ketten die Netten,
Die sich weigern,
Das zu sehen,
Was sie wirklich erleben.

Freiheit beginnt dort,
Wo eine Einsicht
Die Illusion zersticht.

Weichen

Der Pfad jenseits der Qual
Ist meine Wahl.
Wer von euch will leiden?
Wer raus will aus dem Leiden,
Muss die Weichen neu stellen.

Nirwana ist ein Wort.
Nirwana ist Buddhas Wahrheit.
Nirwana ist frei von Samsara.
Nirwana ist unerreichbar für Samsara.
Aber überall in Samsara
Gibt es einen Pfad ins Nirwana.

Wer von euch will leiden
Und wer von euch sich entscheiden,
Um einen neuen Weg einzuschlagen?

Frei von Leid.
Befreit von Einsamkeit.
Einfach nur bereit,
Täglich glücklich zu sein.

Zielpfad

Ein Pfad
Ins Nirwana.
Das Leben
Ohne Leid leben.

Was Nirwana ist,
Ist easy.
Nirwana ist
Das leidfreie Leben.

Kein Leid.
Keine Sorgen.
Keine Probleme.
Völlig angstfrei.

Acht Schritte
Zum Eintritt.
Ein Atemstrom
Ohne Version.

Sieh das Nirwana
Als Pfad ins
Wahre Glück
Des leidfreien Lebens.

Das Ansehen Nirvanas

Die Wahl ist
Der zweite Schritt
Und folgt der Sicht.

Zu sehen, was ist,
Führt zur Wahl
Des wahren Weges.

Weil wir Menschen
Nicht richtig sehen,
Tun wir falsch verstehen.

Sobald wir sehen,
Öffnen sich die Reben
Und offenbaren.

Der Blinde läuft
Ins Samsara. Wer sieht,
Wählt Nirvanas Weg.

Richtig zu sehen,
Heißt immer Nirvana
Zu erleben.

Unaussprechlich

Unaussprechliche
Wahrheit.
Gehüllt in ein Wort:
Nirvana.

Selbst Brahma verstand
Nicht die tiefste Wahrheit
Des grenzenlosen Nirvanas,
Das der Buddha lehrte.

Nur ein Wort
Um den Ort
Des Nicht-Ortes
Zu kodifizieren.

Tiefe.
Unendliche Tiefe
In dir, in mir; gefunden
In der Meditation.

Wortloses Wort.
Leerer Sinn.
Offene Weite.
Mittendrin.

Winde

Winde wehen.
Die Winde des Geistes.
Sie tragen uns
Durch viele Welten.

Erst auf dem Gipfel des Daseins,
Wo Gefühle und Wahrnehmung enden,
Enden auch die Winde.
Aber sie sind wieder zu spüren,
Sobald wir die Jhana verlassen.

Dein geistiger Wind
Ist nicht dein Ich.
Dein geistiger Wind
Ist die Manifestation, auf der sich
Dein Ich manifestiert.

Dein Wind liegt tiefer als das,
Was du Ich nennst.
Dein Wind trägt dich
Durchs Leben und über es hinaus.

Der Wind bläst,
Bis das Leid endet
Und du in der Wahrheit
Des Nirwanas wehst.

Satori

Vögel zwitschern.
Ein leichtes Zittern
Geht durch deinen Leib.
Ihm folgt ein Lächeln,
Denn endlich spürst du,
Was die Einsicht ist.

Du siehst,
Was die Koans sagen.
Es wird klar,
Was vorher unsichtbar.

Der finale Moment,
Wenn die Nebel sich auflösen.
Der eine Augenblick,
Wenn der Schleier sich hebt.

Maya verliert ihre Macht
Über dich, denn deine Kraft
Hat die Einsicht erlangt,
Zu sehen, was wirklich ist.

Zu sehen, wie alles fließt,
Und sich als Nirvana ergießt.
Die Leere, die ist, aber nicht
Nichts ist, scheint hell und
Erleuchtet dich.

Kaleidoskop

Versprechen brechen.
Liebe zerfällt.
Die Seuche der Lüge kriecht
In jeden Winkel deines Lebens.

Nichts ist sicher
In den samsarischen Weiten.
Alles kann kaputtgehen,
Solange Verblendung herrscht.

Vertraue auf den Pfad
Oder lebe vollkommen unsicher.
Der Pfad der Acht
Ist die einzig gute Macht.

Wandel geschieht,
Ob du willst oder nicht.
Menschen hetzen
Ohne Rücksicht auf dich.

Falls du dich klammerst,
Wirst du weggespült.
Falls du zu hart wirst,
Wird alles Glücksgefühl zerstört.

Lebe und erinnere dich,
Was der Buddha spricht
In seinen Lehren, um heilsam
Im Nirwanas zu verwehen.

Unbeschreiblich

Frei sein.
Freier.
Unbeschreiblich.

Das Ich
Wird nicht leer.
Leere war sein Wesen
Von Anbeginn.
Das Kind ergreift,
Was der Weise abstreift.

Leiden
Oder nicht leiden;
Das ist hier die Frage?

Willst du leiden?
Ja, ich frage dich!
Wenn du nicht leiden willst,
Dann bleibt nur der Buddhaweg.

Andere Religionen haben Götter
Oder höheres Bewusstsein.
Buddha hat nur Nirwana.
Und was ist das?
Nirwana ist das Leben frei von Leid!

Frei sein.
Freier.
Unbeschreiblich.

Renn weg!

Renn!

Bis ans Ende der Welt.
Lebe,
Als ob es keinen Morgen gibt.
Atme
Die kostbare Luft.

In einer Welt,
In der alles zerfällt,
Wirst du zum Held,
Wenn du alles loslässt.

Gewalt
Ist eine reale Gefahr.
Missbrauch
Gibt es im besten Haus.
Kein Bunker der Welt
Kann dich vor der Wirklichkeit schützen.

Hart und rau
Ist die Welt.
Sei lieber schlau
Und flieh ins Nirwana.

Hoffnungslosigkeit

Hoffnungslos.
Neuer Schoß.
Neuer Lauf.
Freu dich drauf
Oder sieh ein,
Du wirst für immer leiden,
Solange du in Samsara kreist.

Koks und Heroin.
Sex und Gewalt.
Vor keinem hungrigen Geist
Macht das Elend halt.

Sie steht am Strich
Und verkauft sich.
Du denkst, so einen Weg
Wirst du niemals wählen.
Aber wenn der Hunger kommt
Oder die Sucht dich quält,
Wirst du Dinge tun,
Die ungesund sind.

Der Weg raus
Aus dem Haus Samsaras
Kann gelingen,
Durch endloses Ringen
Nach Nirwana.

Weder noch

Einheit
Und Zweiheit.
Aber nicht einmal
Keinheit beschreibt,
Was Nirwana ist.

Leere;
Wenn jede Erklärung
Leer bleibt.

Frei,
Weil nichts mehr
Ergreift.

Rein,
Weil Hass und Gier
Aufgehoben sind.

Weder Einheit, Zweiheit
Oder Keinheit beschreiben
Das wahre Wesen Nirwanas.

Leer, frei und rein.

Eliminiere

Eliminiere
Das Ich in der Gleichung
Und sieh, was bleibt.

Leer vom ich,
Das ist das Gesicht
Des heilen Buddhas.

Flieg mit dem Wind,
Bis du die Weisen findest
Und dann lerne.

Es gibt die Leere
Im Meere Samsaras.
Es gibt diesen Ausweg.

Nirwanas Pfad
Ist frei von den Steinen
Der Verblendung.

Die reine Leere
Kennt weder Gier
Noch brennende Wut,
Aber Frieden und Freiheit.

Niederwerfungen

Mich niederwerfen
Vor den verehrten Buddhas.
Sie anbeten
Mit meinem ganzen Wesen.

Mein Opfer
Soll mein Leben sein.
Ich will ihnen dienen
Auf all meinen Wegen.

Meine Liebe
Gilt ihnen, den Bodhisattvas
Und hochverehrten Buddhas
Und allen Weisen.

Kniend bete ich
Und öffne mich
Für die Wunder
Der großen Buddhas.

Langgestreckt liege ich
Und öffne mich
Für die Lehre des Dharmas
Und das Ziel des Nirwanas.

Wichtige Erkenntnis

Ein Buddha
Zeigte mir den Weg.
Sein Wunder:
Er ist verweht.

Frei von Leid
Lehrte er.
Heiliges Sein
War seine Existenz.

Die Augen und Ohren
Der Welt verstehen nicht,
Was das Nirwana ist
Und wieso es wichtig ist.

Ein Schritt
In Buddhas Fußspuren.
Ein Übertritt
Ins heilige Reich.

Dieser Buddha
Ist mein Lehrer.
Seine Lehre ist Futter
Für meine leere Seele.

Fünf Skandhas

Fünf Skandhas.
Kein Ich.
Wir sind,
Nur kein Ich.

Das wahre Sein
Fühlt sich nie allein.
Das falsche Ich
Fürchtet sich.

Wer Angst hat,
Trägt Hass.
Wer Verlust spürt,
Wird von Gier getrieben.

Fünf Skandhas
Auch im Nirwana.
Buddha lief
Mit Skandhas.

Acht Schritte
Zum Verlöschen.
Leidfreie Skandhas.
Lachen befreit.

Der Kuss des Nirwanas

Die acht Schritte
Des Buddha Dharma
Führen ohne Umwege
Direkt ins Nirwana.

Wer mit dem
Achtfachen Pfad
Es nicht ins Nirwana schafft,
Der oder die hat
Die acht Schritte nicht gemacht.

Viele reden und
Sie erzählen aller Welt,
Wie ernsthaft sie praktizieren
Und dass sie bald
Das Ziel erreichen.

Schaumschläger.
Ihre Worte sind heiße Luft.
Doch der Kuss des Nirwanas
Findet deine Lippen,
Um dich wach zu küssen,
Wenn du acht Schritte setzt
Und ernsthaft praktizierst.

Sehen

Deine Einstellung zählt
Und sie kommt aus der Sicht,
Die du dir erarbeitet hast.

Sie lachen über uns,
Wenn wir meditieren.
Sie glauben, wir tun nichts,
Wenn wir meditieren.

Aber die Meditation
Ist harte Arbeit.
Darum bringt die Meditation
Großen Lohn.

Wir sitzen auf dem Kissen
Und lernen, wahrer zu sehen.
Das Ego ist wie ein Filter
Und verdeckt die echte Welt.

Wir sitzen auf dem Kissen,
Um ernsthaft zu meditieren.
Wir lernen zu sehen, was ist
Und nicht, was das Ego daraus macht.
Das ist der Pfad ins Nirwana.

Halbherzig

Kein Wort zu viel.
Kein Atemzug
Ohne Achtsamkeit.

Sie versagen.
Der ganze Westen versagt.
Er versagt seit tausend Jahren
Auf dem spirituellen Pfad.

Jetzt haben sie Buddha,
Aber sie verstehen es nicht.
Sie bauen Institute für Achtsamkeit,
Aber erlangen keine Realisation.

Halbherzig ist ihre Praxis.
Durch die Bank weg sind sie halbherzig.
Die Schlimmsten sind die Säkularen.
Sie erdichten einen Buddhismus,
Der mit Buddhas Lehre
Nichts mehr zu tun hat.

Macht es Sinn,
Wenn man es nicht ernsthaft wagt?
Viele sagen ja und ich bleibe still.
Ihr Westler könntet alle Nirwana
Betreten, wenn ihr nur ernsthaft wärt.

Ein Ziel

Völlig fokussiert
Auf das Ziel.
Nur ein Gedanke
Unbegrenzt ohne Schranke.

Ein Wort
Soll der Hort
Des Paradieses sein.

Buddha nannte es
Das Nirwana und
Er markierte es.

Wir wissen nichts
Und wir wissen alles.
Er bezeugte Nirwana
Und lehrte den Dharma.

Was ist Dharma anderes
Als der Pfad ins Nirwana?
Was ist Nirwana anderes
Als das Leben ohne Leid?

Völlig fokussiert.
Hundert Prozent konzentriert.
Das Ziel heißt Nirwana.

Ego-Falle

Ich bin gefangen
In meinem Ich.
Es ist wie ein Kleid,
Das an mir klebt.

Ich bin ein Opfer
Meiner Sehnsüchte.
Die Lust nach Genüssen
Treibt mich in Abgründe.

Mein Ich befiehlt
Und ich folge willig.
Mein Leben ist billig,
Weil der Schatz fehlt.

Drei Juwelen sind
Der größte Schatz des Planeten.
Ich will ein Buddhakind
Sein und zu ihm beten.

Der Ausweg aus der Not
Ist das Los Nirwanas.
Der Ausweg aus der Ego-Falle
Ist die Reinheit des Dharmas.

Wahre Größe

Der Sog der Welt ist groß.
Verführerisch ist ihr Licht,
Aber endlos die Not,
Die ihr folgt.

Es gibt einen Ausweg.
Es ist der Ausweg
Aus dem Leiden.
Es gibt das ungeborene,
Unsterbliche Nirwana,
In dem alle wunschlos glücklich sind.

Der Gegensatz
Von Nirwana und Samsara
Ist die Sicht aus der Sicht Samsaras.
Solange wir im Samsara feststecken,
Müssen wir es so sehen,
Aber wenn wir Nirwana erleben,
Wird sich alles transzendieren.

Der Sog der Welt ist groß.
Aber die Wahrheit Nirwanas
Ist größer!

Meine kleine Kerze

Ich fürchte mich
Vor einer Welt,
Die das Buddha-Licht
Nicht mehr erhellt.

Ich träume
Vom Buddha-Dharma.
Ohne Reue
Gehe ich in die Sangha.

Ich sehne
Mich nach Weisheit
Und ich sehe
Des Buddhas Heilheit.

Ich weiß,
Fortschritt hat einen Preis.
Ich leide,
Wenn ich nicht weiterschreite.

Ich erkenne
Meine leere Natur
Und ich wende
Mich zur Ruhe Shamatas.

Heilige Wegweiser

Grell strahlt das Licht,
Wenn Buddha spricht.
Sein Wort erhellt
Die gesamte Welt.

Die Einsicht heilt
Das geistige Leid,
Das seit ewigen Zeiten
Uns alle quält.

Die Folgen der Worte
Folgen den Worten
Und sie werden zur
Knallharten Realität.

Der Lehrer spricht
Und wird zu einem Gericht
Zwischen gut und schlecht
Und dem achtfachen Weg.

Die heilige Rede
Eröffnet die Wege,
Die aus dem Leiden
Ins Nirwana führen.

Heilige Worte

Runden.
Ewiges diskutieren.
Endlose Stunden.
Geistiges filetieren.

Menschen denken,
Aber ihr Denken ist schlecht
Und darum kämpfen sie,
Statt besser zu denken.

Die reine Rede des Buddha
Ist ein verbales Wunder.
Sie hat die Macht, Eintracht
Unter den Menschen zu schaffen.

Reden,
Aber sich nicht verstehen.
Worte austauschen und
Sich damit missbrauchen.

Wörter sind Schwerter
Und oft härter als Stahl.
Die Wege der Rede ebnen
Die Wege zum Nirwana.

Leere Fülle

Die Fülle
Der Leere.
Das Heile
Des Nirwanas.

Was weiß der Weltling
Von einem Leben ohne Leiden?
Er lebt und mit jeder Regung
Sinkt er tiefer
In den Sumpf Samsaras.

Leer ist das Leid
Und wer die Leerheit erreicht,
Wird frei von Leid und
Wunschlos glücklich sein.

Die Fülle
Des Lebens
In vollen Zügen
Leidfrei genießen.

Die Reinheit Nirwanas
Offenbart sich am Ende des Pfades.
Die Wahrheit der Buddhas
Wird unsere sein, wenn wir erwachen.

leer

Leer
In einer Welt
Der Fülle

Leer
Wenn die Gier
Alle schüttelt

Leer
Selbst wenn Hass
Brennt

Leer
Im Herz und
Voller Mitgefühl

Leer
Ist jeder Schritt
Auf dem Weg

Leer
Ist der hochverehrte
Buddha

Leiden kreist

Ewigkeit reiht sich
An Ewigkeit.
Zeiten wirken
Unendlich klein.
Dein Karma kreist
Und wird kreisen
Bis ans Ende aller Zeiten.

Du leidest,
Denn zu leiden
Ist das Kennzeichen
Des Kreisens.

Samsara
Ist sein Name.
Der Kreislauf des Leidens
Ist sein Gesicht.

Abhängig von
Der Vergänglichkeit
Kann kein Glück
Dauerhaft sein.

Was vergänglich ist,
Ist leidhaftig.
Was vergeht, wird
Kummer auslösen.

Betritt den Achtfachen
Mit einem mutigen Schritt.
Sieh nicht zurück,
Bis du im Nirwana bist.

Das Los der Ursachen

Ursachen
Machen die Sachen.
Wenn die Sache
Leid erzeugt,
Wirst du die Sache bereuen.

Es ist ein Kreis:
Ursachen haben Wirkungen.
Wirkungen werden zu Ursachen.

Die Ursache des Todes
Ist die Vergänglichkeit.
Die Ursache der Geburt
Ist das Karma.

Ursachen
Für das Hassen.
Ursachen
Für das Gieren.

Nur Nirwana
Ist frei von allen
Ursachen.

Weltlos

Die Welt
Zahlt Geld.
Buddha verleiht
Echte Weisheit,
Die das Leid abschneidet.
Unumkehrbar.

Die Welt
Will alles.
Buddha will
Die Leere das Alls
In seiner Reinheit,
Die frei von Leid ist.

Die Welt
Ist reich.
Buddhas Reich
Ist leer.
Denn aller Reichtum endet.
Alles Geld kann geraubt,
Aller Besitz zerstört werden.
Was ungeschaffen,
Ist unzerstörbar;
Darum Nirwana.

Tautropfen der Erleuchtung

Der erste Tautropfen
Des Nirwanas.

Die letzten Momente
Des Samsaras.

Wenn es endet,
Endet nichts außer Leid.

Am Wendepunkt zwischen
Schlafen und Erwachen.

Ein Sonnenstrahl
Der Erleuchtung.

Die Reinheit des finalen
Augenblicks.

Die Liebe,
Die sich in Mitgefühl bricht.

Mitte

Dreckig.
Tief im Matsch.

Verloren
In den Ohren.

Sündig
Macht müde.

Sinne
Bringen um.

Weil Sinne
Nicht alles sind.

Nichts ist
Außer den Sinnen.

Der Weg der Mitte
Ist der nirwansche Übertritt.

Ein Unwort

Ein Wort,
Das Unbeschreibliches
Beschreibt.

Ein Zustand,
Der kein Zustand
Sein kann.

Eine Wahrheit,
Die alle anderen Wahrheiten
Alt aussehen lässt.

Buddha nannte
Es Nirwana,
Aber was sagt das schon?

Wir nennen es
Nirwana, weil wir
Buddha folgen.

Das Wort zählt nicht,
Aber das Licht
Der Befreiung, das
Durch es spricht.

Leere Kissen

Niemand sitzt
Auf dem Kissen.
Aufgelöst ist
Alles inhärente Hängen.
Frei fließen die Skandhas.
Entblößte Fata Morganas.

Keine atmet,
Während sie wartet
Auf den Gong der Sitzung.
Ihre wahre Heilung
Ist in der Leere
Des nirwanschen Meeres.

Ohne Ich
Lebt es sich glücklich.
Frei vom Hängen
An Gier und Lästerungen.
Frei vom Hassen und
Dem Drang, sich zu schlagen.
Leer im Herz
Ist der höchste Wert.

Sie sitzen
Und grinsen.
Mit erwachten Augen
Erschauen sie das alte Grauen,
Wie es sich auflöst
Und das Bild Nirwanas entblößt.

Dharma

Dharma.
Ein Gesetz
Der Erlösung.

Dharma.
Die Macht
Des Erwachens.

Dharma.
Der Weg
Heiliger Wesen.

Dharma.
Die Lehre
Unseres verehrten Buddhas.

Dharma.
Die Kraft,
Die Frieden machen kann.

Dharma.
Die Wahl jedes Wesens,
Um sein Leid zu überwinden.

Dharma
Ist das Wahre
Des Nirwanas.

Illusionäre Gedanken

Er hofft,
Noch.
Im Loch
Seiner Gedanken.

Das Denken
Kämpft
Mit Menschen
In der Fantasie.

Erleuchtete
Sind erleichtert
Vom verblendeten
Denken.

Verblendete
Denken
In den kranken Welten
Ihrer Ansichten.

Ein Loch
Voller Hoffnung.
Nur Nirwana
Beruhigt den Geist.

Der Prophet

Wunder.
Kein größeres Wunder
Als der Dharma.

Verkünder.
Kein größerer Prophet
Als der Buddha.

Ein Zeichen
Kann Leben überdauern:
Dein Bodhi-Schwur.

Weltflucht,
Um die wahre Ruhe
Zu finden.

Der Lebenssinn.
Auf dem Pfad findest
Du dein wahres Selbst.

Weisheit.
Die wahre Weisheit
Heilt alles Leid und
Führt ins Nirwana.

Urwaldlianen

Treibholz.
Unsere Leben sind Treibholz.
Ein Streichholz.
Die Gier ist wie ein Streichholz
Und lässt uns brennen.

Lichterloh.
Einst waren wir froh.
Wie ein Funke
Brennt die Gier alles lichterloh.

Schmerzpunkte.
Der kleine, brennende Funke
Wird zu einem Schmerzpunkt
Durch die ewige Unruhe.

Fliegenschiss.
Die Flagge des Hasses gehisst.
Ein Fliegenschiss
Ist dein Leben im Bombenhagel.

Fragenhagel.
Die Frage nach dem Sinn wagen.
Samsara ertragen oder
Nirwana wahr machen!?

Die vierfache Liebe im Nirwana

Rein oder kein Dharma.
Verfälsche nicht,
Was rein sein muss,
Um den Weg zu ebnen,
Dessen Wahrheit Nirwana ist.

Nimm an die Acht,
Denn sie sind der Pfad.
Nimm an sein Wort,
Denn er wandelte an dem Ort,
Der Nirwana ist, für
Über vierzig Jahre.

Spüre dich und finde,
Was tiefer ist als das Ich.
Erkenne die Wirklichkeit und
Die wahre Natur deines Selbst.

Lass los die Falschheit.
Sie trennt deine Wirklichkeit
Und lässt dich leiden
Auf Millionen Weisen.

Ergreife nicht, was wirklich ist.
Aber du darfst lieben
Auf den vierfachen Wegen von
Maitri, Karuna, Mudita und Upeksha.

Ungreifbar

Die Macht der Weisheit
Lässt Samen reifen,
Die in neuen Leben
Nach den Sternen des
Höchsten Nirwanas greifen.

Der tiefe Einblick
Und die hohe Realisation
Sind oft Früchte
Früherer Anstrengungen.

Ein Leben und zwei Leben;
Sage nicht, du siehst die Fäden
Zwischen den Leben nicht?
Sieh genauer hin!

Der Griff nach dem Nirwana
Ist der Griff in die Leere.
Nirwana ist frei
Von allem Ergreifen.

Wenn du loslässt und
Dich nicht weiter von Samsara
Einwickeln lässt, besteht die Chance,
Bald zu erwachen.

Halbiert

Die Hälfte vom Leid
Ist immer noch Leid,
Das sich ständig vermehrt.
Deshalb leide nicht mit.
Zeige den anderen den Weg,
Der das Leiden zerstört.

Das Leiden endet,
Wenn Nirwana alles wendet.
Dort wo Leere lebt,
Stirbt das komplette Leid.
Das Leiden kann enden,
Du musst es nicht auftrennen.
Du musst nur praktizieren
Und dich auf den Pfad konzentrieren.

Wo Nirwana lebendig ist,
Ist alles Leiden abwesend.
Das ist die Definition Nirwanas.
Es ist auch wunschlos glücklich
Und ungeboren unsterblich.
Folge einfach dem achtfachen Pfad
Und mache das Nirwana wahr.

Nichts ist sicher

Geschieden.
Vertrieben.
Bestohlen.
Totschlag.

Die Welt Samsaras
Ist voller Überraschungen.
Kein Stillstand. Keine Stabilität.
Keine Sicherheit.

Nichts, wirklich nichts
Ist sicher. Nicht
Nur Alter, Krankheit und Tod
Bedrohen alles, was du hast und bist.
Räuber wollen dich berauben.
Fremdgeher, dir die Liebe klauen.
Mörder dich ermorden
Und Politiker dich beherrschen.

Nichts ist sicher.
Nichts!
Nur Nirwana steht still und weise
Auf die alte Weise und
Ist des Leidens Ende.

Systemsprenger

Regeln der Welt.
Regeln des Karmas.
Nirwana ist regellos.

Keine Ordnung.
Kein System.
Leere.

Ohne Anfang.
Ohne Ende.
Ungeboren.
Unsterblich.

Ein Weg,
Der kein Weg ist.
Ohne Endlichkeit.
Ohne Ewigkeit.

Systemsprenger.
Nirwanagänger.
Austreter.
Weltflucht.

Keine Gier.
Kein Hass.
Buddha.

Allwissend.
Unsterblich.
Erwacht!

Mentale Bahnen

Mein Atem geht
Und sucht den Sinn
Des Wortes Nirwana.

Wir leben und leben,
Um Antworten zu finden.
Das ist das Menschliche.

Fragen hageln und lassen
Die Gedanken rasen.
Glocken schallen dumpf.

Mein Atem kriecht
Und versucht einfach
Nur zu verstehen.

Wir leben und erbeben
Bei den Wandlungen
Im Kreislauf der Lebens.

Fragen jagen Gedankenblasen.
Der Duft des Erwachens
Liegt in der Luft.

Mittlerer Weg

Sinn und Unsinn.
Tod und Leben.
Zwischen allen Extremen
Sollst du den
Mittleren Weg wählen.

Buddha lehrte,
Weil er es lebte,
Was Weisheit ist
Und was das Leid auflöst.
Trübe Gedanken sind Schranken.
Löse den Geist von der Vergänglichkeit
Und lache befreit.

Sinn erklingt
Und doch liegt das Finale
Jenseits allen Sinns
Im leeren Nirwana.

Buddha wandelt als Nirwana.
Buddha lebte das Nirwana.
Buddha bewies, das Nirwana
Etwas Lebendiges ist.
Buddha sei dir ein Vorbild!

Globales Nirwana

Ein Buddha lebte
Und wir sind für immer
Verändert.

Stell dir vor,
Wie ein Ort wäre,
Wenn noch ein Buddha kommt!

Wie schön wäre die Erde
Mit einer Herde
Voller Buddhas.

Stell dir vor,
Alle Menschen erreichen
Die Buddhaschaft.

Eine Welt
Des globalen Nirwanas
Wäre eine wahre Offenbarung.

Werden wir Buddhas
Und machen wir das Wunder
Des Nirwanas wahr.

Weise Wegweiser

Nur Buddha weiß,
Wie die heiligste Weisheit
Zu erlangen ist.

Nur die heilste Weisheit
Kennt den Weg des heiligen
Friedens auf Erden.

Wir knien uns nieder
Und falten die Hände wieder
Und danken Buddha.

Wir lernen seine Worte
Und verstehen den Sinn,
Der darin steckt.

Tief ist die Welt.
Ihre ständige Wandlung enthält
Alle Antworten.

Wir wagen den Sprung
Über den dunklen Abgrund
Bis ins gelobte Nirwana.

Ferne Gleichheit

Dharma.
Nirwana.
Buddha.
Worte mit Tiefe.
Unbekannte Bilder
Einer fremden Welt.

Ferne Länder.
Unerreichte Kontinente.
Doch etwas gibt es überall:
Das Leid.

Das Leid ist universell.
Das Leid trifft alle gleich.
Das Leid ist unausweichlich.

Die Lehre des Buddha
Hat nur einen Geschmack.
Es ist der Geschmack der Befreiung,
So hat es Buddha gesagt.
Von welcher Befreiung er sprach?
Es war die Befreiung vom Leid.

Neujahrs-Nirwana

Ein neues Jahr
Auf Buddhas Pfaden.
Das Jahr brachte Karma,
So wie jedes Jahr vor ihm,
Nur Buddhas sind frei von Karma.

Er wanderte im Nirwana,
Aber da ist niemand,
Der wanderte.

Er lächelte als Erwachter,
Aber woher wissen wir das,
Wenn wir nur Schläfer sind?

Das Höhlengleichnis in Europa
Ist ein schönes Gleichnis
Für die Bodhisattvas, aber war
Ist, Buddha ist unergründlich.

Ein neues Jahr
Und ich schwöre nochmal,
Dem Buddha, Dharma und der Sangha
Zu dienen auf allen Wegen.
Ich will ihr Diener sein
Mit ganzem Leib und Geist
Bis ans Ende meiner Zeit.

Ganz hinüber

Der Buddha ist
Das achte Weltwunder.
Der Buddha verkündet
Den achtfachen Pfad.

Des Buddhas Schatztruhe
Hat für drei Juwelen Platz.
Diese drei Juwelen sollst du
Buddha, Dharma, Sangha nennen.

Dieser unser Buddha
Ist wie ein Kutter vom Ufer
Des Samsaras hinüber
Zum heiligen Land Nirwana.

Der Buddha zeigt
Und beweist es mit Weisheit.
Jeder kann es nachprüfen,
Wer wahrhaft sucht.

Achtfache Schritte
Führen zum Übertritt
Von der Welt des Leidens
Ins nirwansche Paradies.

Leere Herzen

Die Leere
Ist eine Lehre
Jenseits des Leidensmeeres.

Wo Leerheit ist,
Kann kein Leiden sein.
Denn Leerheit ist
Frei von Leid.

Buddha lehrte
Die wahre Lehre
Vom leeren Wesen.

Denn hinter dem Schein
Gibt es eine größere
Wirklichkeit.

Was erscheint,
Unterscheidet sich von dem,
Was wahrhaft ist.

Leere dein Herz
Und du wirst bemerken,
Dass Mitgefühl blüht
Und sich mit der
Weisheit Nirvanas krönt.

Erlösung

Erlösung
Durch Versöhnung.
Erfüllung
Folgt dem Loslassen.

Was achtfach wird,
Wird erlöst.
Was karmisch bleibt,
Bleibt in Samsara.

Ein Ausweg
Im Nirvana.
Kein Wesen
Im Nirvana.

Gefühle reifen
In fernen Reichen.
Heute hier.
Morgen fort und dort.

Mönche singen
Alte Mantras.
Ihr Karma verklingt
Und ihr Geist erwacht.

Was Nirwana ist

Nirwana ist frei
Von Karma.
Nirwana ist weder
Sein, noch Nicht-Sein.

Nirwana zu definieren,
Ist unschaffbar.
Nirwana zu leben,
Ist machbar.

Nirwana erstrahlt
Auf dem achtfachen Pfad.
Nirwana erklingt
Mit schöner Melodie.

Nirwana wurde bewiesen
Von den vielen Arhats.
Nirwana tritt in Kraft
Im Moment des Erwachens.

Nirwana ist mehr
Als alle Wünsche.
Nirwana ist glücklicher
Als alles weltliche Glück.

Dualität

Ist die Vernunft stumpf,
Wird der Geist ungesund.

Wenn das Herz blind,
Man sich gegenseitig erschlägt.

Wenn die Tage lang,
Die Nächte sind kurz.

Wer Einsicht gewinnt,
Wird Erleuchtung finden.

Das Gegenteil verschlingt
Den weltlichen Wind.

Das Nirwana beginnt
In jedem Moment.

Buddha erwachte
Im fernen Lande.

Dharma-Leib

Dharma-Orte.
Wo er geboren wurde.

Dharma-Träume.
In den Sutra-Räumen.

Dharma-Wege,
Die ins Nirwana führen.

Dharma-Gefühl.
Purer Gleichmut.

Dharma-Saat.
Heilendes Karma.

Dharma-Geburt.
Die erste Tonsur.

Dharma-Ende.
Der Erleuchtung Gelände.

Was *Dharma* ist

Dharma wird zu
Nirwana, sagen die Theravada.
Aber die Zen-Leute motzen.
Sie sagen, egal, wie lange
Du einen Stein polierst,
Er wird kein Spiegel werden.

Dharma wird zu
Heilsamen Karma.
Dagegen sagt keiner was
Außer din Kommunisten,
Aber die wollen sowieso
Alle Buddhisten vernichten.

Was Dharma ist,
Fragt der Neuling?
Der Meister lächelt
Und sagt: die Zuflucht.
Der Neuling lächelt
Und nimmt Zuflucht.

Ist die Zuflucht
Der erste Schritt,
Ist das Nirwana
Der finale Übertritt.

Sinneskraft

Sinn ist nicht blind,
Aber die Welt ist blind.
Gier versperrt die Sicht
Auf das, was wirklich ist.

Sinn ist heilsam,
Aber die Gesellschaft,
In der wir leben,
Ist unheilsam.

Gier nach Geld
Und hemmungsloser Sex
Sind alles, was hier zählt,
Egal, was die Folgen sind.

Sinn heilt und
Sinn führt aus dem Leid.
Sinn ist leer
Auf tiefster Ebene.

Der Sinn des Dharma
Ist das Nirwana.
Befreie dich von Gier und Hass
Und alter karmischer Last.

Vier Edle

Mit jedem Schritt
Geht der Sotapanna
Dem Nirwana entgegen.

Mit jedem Atemzug
Ist sich der Sakadagamin
Des Pfades bewusst.

Jeden Augenblick
Lächelt der Anagamin
In vollendetem Gleichmut.

Die Krönung des Pfades
Beweist der Arhat
Mit Erhabenheit.

Ihre Macht
Ist die Macht
Der Befreiung vom Leid.

Leer vom Leid
Und befreit von allen
Weltlichen Wünschen.

Winde zerren nicht
Mehr an den Skandha.
Nur Befreiung bleibt.

Leerheit

Leere
Als endloses Meer.
Leere
Als fulminante Fülle.

Leer
Ist das Nirwana.
Nirwana
Ist niemals nichts.

Was
Unaussprechlich ist.
Was
Völlig frei von Leid ist.

Ergreife Nirwana
Und du greifst ins Nichts.
Reife auf dem Achtfachen
Und du wirst erwachen.

Leere
Erscheint leer.
Leere
Ist mehr.

Himmelsretter

Nirwana verleiht Flügel.
Wir erheben uns in Höhen,
Die das Leid nie erreicht.

Am Himmel Nirwanas
Sind wir frei
Für alle Ewigkeit.

Mit den Flügeln Nirwanas
Vollführen wir
Tollkühne Küren.

Nirwana ist wie
Ein fliegender Teppich
Aus dem Wunderland.

Nirwana fliegt weiter
Als die Milchstraße lang
Mit einem Flügelschlag.

Nirwana trägt dich
Davon ins Licht
Der buddhistischen Sonne.

Die wahre Zuflucht

Zuflucht zu den drei Juwelen
Ist in Wahrheit die Zuflucht
Zum Nirwana.

Der Pfad der drei Juwelen
Hat nur ein Ziel.
Dieses Ziel ist Nirwana.

Alles auf dem spirituellen Pfad
Führt ins Nirwana,
Sonst ist der spirituelle Pfad
Nur ein Betrug.

Nur Nirwana hat genug,
Um wirklich innere Ruhe
Und wahre Befreiung zu bringen.

Zuflucht nehmen ist weise;
Denn auf welche Art und Weise
Sonst willst du Frieden finden?

Nimm Zuflucht zu den drei Juwelen
Und sei dir sicher,
Sie werden dich ins Nirwana führen!

Der Windstoß

Nein. Nein. Nein.
Wie oft willst du weinen?
Sieh es ein, nur der Buddha
Vollbringt das Wunder,
Alles Leid zu heilen.

Natürlich ist es Nirwana!
Was, fragst du?
Ich sage, Nirwana
Ist der Zustand der Leidfreiheit.
Frei vom Leid für alle Zeit?
Für alle Zeit!

Nie wieder musst du leiden.
Du musst nur den Buddha fragen
Und dann den Pfad annehmen.
Nie wieder musst du weinen,
Wenn du in Nirwana bist.

Simpel. Simpel. Simpel.
Wie ein Wimpel über deinem Kopf
Wehen die tibetischen Fahnen.
Der Wind bläst oder bläst
Dein Geist im samsarischen Leid?

Nimm!

Nimm.
Nimm alles.
Denn alles,
Was du nehmen kannst,
Wurde einst karmisch gegeben.

Der Kreis
Aus Geben und Nehmen
Ist der Kreis
Aus Nehmen und Geben.

Nimm
Oder gib.
Gib
Oder nimm.

Geben ist gut,
Nehmen ist unausweichlich.
Zwischen allem ist eine Lücke,
Die aufs Nirwana weist.

Nimm
Das Nirwana an.
Nimm
Die Lehre des Buddhas auf.
Gib
Dein Vertrauen und
Baue auf den achtfachen Pfad.

Der Fährmann

Buddhas Kutter
Fuhr ins Nirwana.
Er ist Lehrer, Fährmann
Und Kartenleser.

Er, der Buddha,
Stromerte ins Nirwana
Und sandte uns ein Boot
Für die erlösende Furt.

Der Strom ins Nirwana
Führt ins Heile.
Die Liebe Nirwanas
Lebte im Buddha.

Buddhas Schiff
Hat angedockt.
Buddhas Pfiff
Erweckt die Wesen.

Der Ozean des Leidens
Endet im Nirwana.
Ohne den Ozean
Gibt es kein Leiden.

Die Gaben Nirwanas

Nirwanas
Gaben sind wahre
Wunder.

Nirwanas
Liebe ist ehrlich
Grenzenlos.

Nirwanas
Traum kannst du
Schauen.

Nirwanas
Wahrheit ist in dir
Gemalt.

Nirwanas
Früchte sind süße
Genüsse.

Nirwanas
Macht erschafft Freiheit
Vom Leid.

Das Leiden leid sein

Nirwana
Wird wahr
Am Ende des Pfades.

Der Pfad ist lang
Und ich ungeduldig.

Leid bin
Ich das Leid.
Mir reicht
Das Leid.

Nirwana verwandelt,
Was unwandelbar
Erschien.

Nirwana erleuchtet,
Was in ewiger Dunkelheit
Schlief.

Nirwana bringt
Jedem Menschenkind
Einen Funken Hoffnung.

Wir sind es leid,
Zu leiden.
Wir sind bereit,
Zu erwachen.

Rettung

Verloren
Im Samsara.
Wo ist der Pfad
Ins Nirwana?

Die Sinnenwelt quält.
Sie ist alles,
Was ich sehe.

Wie entkomme ich
Dem samsarischen Dickicht?

Samsara ist heiß.
Es brennt.
Aber der wahre Preis
Ist Erlösung.

Mich zu befreien
Von der Wesenheit,
Wie es Buddha tat,
Ehe er wanderte
Und lehrte.

Verloren im Samsara
Bis zum Eintritt
Ins Nirwana.

Die heiligste Furt

Nur eine Furt
Führt ins Nirwana.
Der achtfache Pfad
Macht dich zum Buddha.

Oder sei es
Eine Buddhina,
Die Wunder vollbringt
Und deren Lehre klingt
Nach dem Klang der Befreiung.

Nur eine Furt.
Alles andere ist Untergang.
Gefangen im Strang
Der illusionären Inhärenz
Kämpfst du gegen Gespenster,
Die du in dein Leben ziehst.

Nur eine Furt
Ohne Wiedergeburt.
Jede andere Furt
Führt ins Unsichere,
Wo Leiden wartet und
Schmerz unausweichlich ist.

Ende

Das Ende
Ist die Wende
In Buddhas Welt.

Jeder Tod
Ist Wiedergeburt
In neuer Furt.

Wer lebt,
Der stirbt.
Wer stirbt, lebt.

Kein Ende
Außer für Erwachte
Im Wachen.

Nirwana
Ist frei von Karma
Und ohne Kreis.

Wer erwacht,
Hat die Macht,
Alles zu stoppen.

Der Anfang
Des Erwachens
Ist das Ende des Leidens.

Höchste Frucht

Hell.
Frei.
Erhaben.

Attribute
Ohne Welt.
Jenseits Samsaras.

Wert.
Herz.
Erwachen.

Die höchste Macht
Der Liebe
Ist Nibbana.

Selten.
Einzigartig.
Buddha.

Einer erlangte
Und die Welt begriff,
Dass es möglich ist.

Heraus

Innerlich zerrissen.
Depressive Schübe.
Der Geist ist trüb.
Gefühle beschissen.

Ein Tag im Nebel.
Ein Leben in der Dunkelheit.
Was heilt den Geist?
Was vertreibt den Nebel?

Nichts bleibt.
Alles wirkt fade.
Es ist schade
Und erbleicht.

Die Lösung sind Übungen
Für den inneren Geist.
Dann ist er bereit,
Neu zu ergrünen.

Die Übungen des Dharmas
Verbessern das innere Haus.
Dann schaut es besser aus
Und führt ins Nirwana.

Unerreicht

Unerreicht
Und wer ihn erreicht,
Der verweht.

Buddha ging.
Seine Geschichten klingen
Bis heute nach.

Lehrreden
Erheben die Hörer
In weise Sphären.

Seine Schritte
Waren Nirwana und
Leer vom Karma.

Seine Zeichen
Waren heilig und
Transzendierten weise.

Unerreicht
Für alles Leid,
Meditierte er leer.

Heile Welt

Heile Welt.
Träume werden wahr.
Die Frucht des Pfades.
Heile Welt.

Alles ist
So, wie es ist.
Das spricht der Weise,
Denn er versteht.

Die Welt läuft.
Die Welt steht still.
Alles Unsinn.
Leer ist der letzte Sinn.

Die Nähe
Wirkt fern.
Die Sterne
Sind nah.

Eine Nacht
Unterm Baum.
Weltinnenraum.
Nirwana.

Das Bodhikind

Wert.
Unwert.
Das wahre Herz
Findet alles Leben
Wertvoll.

Ein Bodhikind
Spielt mit dem Wind.
Es vergisst die Welt
Mit ihrem Geld
Und dem Status.

Die Hierarchie
Ist eine Idiotie.
Wir könnten Frieden
Haben und viele
Wären froh ohne sie.

Nirwana
Entwebt das Karma.
Nirwana ist der Pfad
In eine heile Welt.
Das Bodhikind realisiert,
Wie es gelingt.
Es erhebt sich
Und spendet Licht
An alle Verzweifelten.

Nirwana ist die Hoffnung.
Nirwana ist die Losung
Einer heilen Welt.

Durstlos

Der Durst will
Das und jenes.
Der Durst will
Uns unterwerfen.

Wir sind der Durst
Und der Durst ist Gier.
Solange die Gier
In uns regiert,
Erscheint Nirwana
Wie ein schwarzes Loch.

Leere scheint leer
Zu sein, aber die Leerheit
Ist nicht das, was sich
Der Unerleuchtete vorstellt.
Zwar leer und doch mehr
Als jeder Ozean.

Der Durst
Versklavt uns.
Der Durst
Kettet uns.

Befreie dich vom Durst.
Dein Leben wird aufblühen
Und du wirst befreit tanzen.

Ungeboren

Nichts bleibt.
Allem folgt das Leid,
Wenn es bedingt ist.
Es bringt nichts,
Dagegen zu kämpfen.

Manche denken,
Ohne nachzudenken
Und dann rennen
Sie ungebremst ins Elend.

Ungeboren.
Unbedingt.
Fern der Leidenswelt.
Einer weilt im Wald
Und besiegt das Leid.

Wenn alles vergeht,
Was übersteht?
Ist Karma der Weg
Oder lässt du los?
Lebst du frei oder
Tust du weiter leiden?

Ein kleiner Funke und
Nirwana ist gefunden.

Abkühlen

Wut ruft
Und Mund flucht.

Wir streiten
Ohne Nettigkeiten.

Kein Grund
Ist Grund genug.

Die Furt
Ist ein Trugschluss.

Lieber lieben
Und alle befrieden.

Das Leben ist schön.
Wir erhöhen.

Nirwana ist besser
Als tödliche Messer.

Nirwana rettet
Die Welt.

Nirwana versöhnt
Die Gefühle.

Bestechende Weisheit

Grell erhellt
Der Geistesblitz
Und besticht durch eine Schärfe,
Die unglaublich ist.

Was Weisheit ist,
Versteht der Dumme nicht,
Aber er sieht,
Wie gut sie tut.

So muss er akzeptieren,
Dass es höhere Welten
Und einen Ausweg
Aus dem Leid geben muss.

Denn weise war der Buddha.
Seine Weisheit war super
Und die größte des Planeten
Auf allen Wegen.

Er, der weise Lehrer, lehrte
Von den Weltwegen und
Dem Weg aus acht Teilen,
Der im Nirwana mündet.

Leeres Daseinsmeer

Leer
Ist mehr.
Das Leid
Bin ich leid.
Ich will
Frei sein.

Nebel
Auf dem Weg.
Blut
Im Gemüt.
Alte Tränen
Verwehen.

Machtlose
Nacht.
Einsamkeit
Und Schlaflosigkeit.
Gedanken
Tanken Samen.

Leere
Ist Ehre.
Ohne Karma
Ist Nirwana.
Super
Ist der Buddha.

Schwelle

Das Nirwana
Ist wahr.
Weil ich das glaube
Und dem Buddha vertraue,
Bin ich Buddhist.

Ich bin
Und ich bin nicht.
Gestern ist vergangen.
Was kannst du
Von meiner Vergangenheit
Wirklich greifen?

Erinnerungen sind Illusionen
Und die Saat der Frustration.

Naht der Tod
Oder ist der Tod eine Naht
Zwischen zwei Leben?

Das Nirwana lebt
Auf dem achtfachen Weg.
Das Nirwana strahlt
Durch Buddhas Sprache.

Die Ehre

Buddhas Lehre
Ist Nirwanas Ehre.
Er zeigt,
Was für uns unerreichbar
Scheint.

Erst wer verlischt,
Erblickt das Licht
Der Buddhalehre
In Nirwanas Leere.

Die Leerheit
Ist die Freiheit
Von Leid und
Falscher Einsamkeit.

Nirwanas Pfad
Hat Buddhas Kraft.
Nirwanas Tore
Sind Heroen.

Vollende die Suche
Nach der Weisheit.
Befreie dich vom Leid
Aller Zeit und strahle frei
Wie die Buddhas.

Wiedergeboren

Winde wehen.
Der Mensch vergeht
Und steht wieder auf
Im neuen Gewand.

Keine Seele geht
Ins nächste Leben.
Kein Ich ist es,
Das immer wiederkommt.

Nihilismus ist eine Illusion.
Es ist die Vision,
Dass alles mit dem Tod
Für immer endet.

Nicht das Ich wird wiedergeboren.
Nicht die Seele auserkoren.
Das gibt es nicht.
Aber es gibt Wiedergeburt.

Buddha lehrte
Vom Kreislauf Samsaras
Und er zeigte
Den Ausweg des Nirwanas.

Unersättlich

Nirvanas Tore sind geöffnet
In jedem Lebenslauf.
Wer sein Herz öffnet,
Findet weises Mitgefühl.

Nirvanas Ozean ist endlos
Und reicht in die Ewigkeit.
Wer das Los der Menschenwelt
Gezogen hat, sollte dankbar sein.

Nirvanas Geschenke glänzen
In grenzenloser Glückseligkeit.
Hör auf zu kämpfen
Mit verblendeten Narren.

Nirvana ist pure Magie,
Nichts anderes kann,
Was Nirvana kann:
Nämlich alles Leid beenden.

Nirvana ist wie ein Baum.
Du kannst ins Nirvana schauen
Und findest Weisheit und
Sinn in deinem Leben.

Also

Wenn Nirvana,
Dann mithilfe
Des Dharmas.

Wenn Freiheit von Leid,
Dann durch die Realisation
Des Nirvanas.

Wenn Buddha,
Dann weil er Nirvana
Erreichte.

Wenn dein Glück,
Dann weil dein Herz
Ein Gutes ist.

Wenn Zuflucht nehmen,
Dann zu den kostbaren
Drei Juwelen.

Wenn einen neuen Weg
Wählen, dann mit
Dem Buddha gehen.

Gereinigter Geist

Lebe den Dharma
Oder leide im
Samsara.

Realisiere das Nirvana
Oder folge deinem
Karma.

Lass los oder
Hasse weiter
Grundlos.

Wenn du fühlst,
Wirst du dich wieder
Spüren.

Die Wahrheit
Ist der Ausweg aus der
Illusion.

Der Pfad
Aus dem Wahn ist
Achtfach.

Wir reisen gemeinsam

Haut altert
Und bildet Falten,
Bis der Leib zerfällt
Und nichts bleibt.

Wir reisen
Von Leben zu Leben,
Nur ohne Ich und Seele.
Das ist Buddhas Lehre.

Glaube oder glaube nicht,
Aber nenn dich nicht
Buddhist, wenn du Buddhas
Lehre anzweifelst.

Buddha sagte, es gibt
Die Wiedergeburt und ich
Und du, wir haben uns
Schon oft getroffen.

Wie viele Leben gehen
Wir schon zusammen
Der finalen Rettung
Des Nirvanas entgegen?

Die rettende Hand

Hände brechen,
Um Leben zu retten.
Bodhisattvas sind
Das heilende Licht.

Kein Schritt ins Nirvana.
Einfach nur heilsames Karma,
Um die Wesen zu retten
Vor Samsaras Ketten.

Füreinander da sein
Und sich befreien.
Die Hand reichen,
Sich vereinen.

Den ewigen Wandel
Heilsam umwandeln.
Mit aller Macht
Gutes erschaffen.

Frei von allem Leid
Bleibt der Bodhisattva.
Er schwört zu helfen
In allen Welten.

Allein

Wirklich allein zu sein,
Heißt frei zu sein
Von Zweifeln und Sorgen.

Wer nur allein ist,
Aber von Sorgen gequält wird,
Ist nie allein.
Kummer und Sorgen werden
Sein ständiger Begleiter sein.

Wer loslässt
Von dem Schmerz der Vergangenheit,
Der wird wirklich frei
Und er wird in sich allein
Im Schein der Heiligkeit sein.

Lass los und fühle.
Spüre die Urgründe
Des Daseins wirken.
Durchschneide das Karma
Und realisiere Nirvana.

Wirklich frei und allein
Kannst du sein
Und erwachen unterm Baum.

Die Frucht

Erfolg folgt
Dem Gold des Schweigens.
Wer ruhig sieht,
Wird tiefer sehen.

Die Welt zerfällt
An zu viel Geld
Und zu wenig Mitgefühl.
Denn Mitgefühl führt
Zur Einheit der Welt.

Ein Same keimt
Im Menschenreich,
Aber er verlässt,
Was irdisch ist.

Die Frucht Nirvana
Ist das wahre Ziel.
Wer Nirvana realisiert,
Hat sich verwirklicht.

Liebe vierfach
Und übe achtfach.
Einspitziger Atem
Im alten Zen-Garten.

Schlachthäuser

Kalter Schweiß.
Die Schlange ist lang.
Der Bolzen ist kalt.
Der Preis ein Witz.

Tiere sterben
Für fresssüchtige Menschen,
Die als Tiere wiedergeboren
Werden.

Der Kreis
Des Leidens
Erstreckt sich
Über viele Leben.

Nur, weil du
Es nicht siehst,
Ändert das nichts
An der Realität.

Du wirst kreisen
Von Leben zu Leben,
Bis du im Nirvana
Verwehst.

Nirvanas Segen

Nirvanas Wahrheit
Existiert ohne den Wahn
Der ewigen Existenz
Oder des Nihilismus.

Nirvanas Segen
Rettet jedes Leben,
Das sich auf den
Achtfachen Pfad einlässt.

Nirvanas Wege sind
Voller erwachter Schritte.
Wer weise geht,
Wird Glück erleben.

Nirvanas Traum
Schafft einen Freiraum
Vom Leid. Völlig frei
Von Sorgen und Ängsten.

Wer Nirvana will
Muss Buddhismus üben.
Denn wer Buddhismus übt,
Wird die Wahrheit fühlen.

Buddhas Kraft

Buddhas Kraft dröhnt
Lange in meinen Ohren.
Unter ihr verblassen
Die hassenden Gedanken
Und der Trieb der Gier,
Der mich sonst kontrolliert.

Der Buddha ist
Lebendiges Nirvana
Und Nirvana ist das,
Wonach ich mich sehne.
Denn Nirvana ist heil
Und frei von allem Leid.

Die Macht Buddhas
Ist das größte Wunder.
Seine Kraft heilt
Und sie befreit vom Leid.
Ängste müssen weichen
Unter Buddhas gewaltigen
Bergen aus Weisheit.

Nirvanas Glück
Ist mit Wundern bestückt.
Buddha bewies,
Wie lebendig Nirvana ist.

Die Brücke

Die Flut endet nie.
Jede Harmonie fällt
Ins Ungleichgewicht.
Jede Liebe zerbricht.

Wir waten im Schlamm
Des vernebelten Wahns.
Keine Rettung kommt.
Es gibt keine Hoffnung,
Solange unser Geist
Sich nicht befreit.

Frei von Gier.
Frei vom Hass.
Frei, um klar zu sehen.

Acht Schritte glücken
Mit den Brücken des Dharma.
Mit dem Floß über den Strom
Ans rettende Ufer Nirvanas.

Dann sind wir frei
Vom Leid für alle Zeit!

Die heilige Robe

Buddhas Gewand
Besitzt heilige Kraft.

Alles, was der Buddha berührt,
Besitzt tiefes Mitgefühl.

Wir leben,
Um zu geben.

Einatmen führt
Zum Ausatmen.

Nirwana
Ist das Wache.

Jeder Schritt
Des Erwachten beschützt.

Nimm Zuflucht
Und die Furcht endet.

Verwirkliche Nirvana.
Werde ein Wahrer.

Leuchttürme

Buddha ist Buddha,
Weil Buddha Nirvana ist.
Was Nirvana ist,
Begreifen wir nicht,
Ehe wir erwacht sind.

Buddha führt
Mit Mitgefühl.
Ist Nirvana die Quelle
Seines Mitgefühls?

Buddhas Pfad hat
Acht Teile.
Buddhas Lehre
Ist unsterblich,
Wo auch immer es Weisheit
Und Mitgefühl gibt.

Buddha ist der Buddha.
Aber auch du kannst Buddha
Werden und lehren.
Werde ein Leuchtturm
In dieser verblendeten Welt.

Nirvana

Einfach nur Nirvana
Und das ist alles,
Was zählt, um sich
Nie wieder zu quälen
Mit dem Unwahren.

Das Nirvana
Ist der Pfad.
Das Nirvana
Ist die Lösung.
Das Nirvana
Ist das Ziel.

Wir streben
In unseren Buddha-Zentren
Und wir konzentrieren
Uns auf das hehre Ziel.

Nirvana als Reim.
Nirvana als Gedicht.
Nirvana als Geschichte
Aus einem dicken Buch.

Nirvana ist der Brauch
Der Heilheit.
Nirvana ist das Licht
Am Ende des Tunnels.
Nirvana ist die Hoffnung
Auf ein besseres Leben.

Final wahr

Es gibt nur eine Rettung.
Nirvana.
Es gibt nur eine Heilung.
Nirvana.

Kein anderer Ausweg.
Nirvana.
Keine andere Ernte.
Nirvana.

Nur eines ist final wahr.
Nirvana.
Nur eines heilt alles Karma.
Nirvana.

Aus dem Strom des Leidens.
Nirvana.
In den Strom der Befreiung.
Nirvana.

Der finale Moment.
Nirvana.
Der weiseste Dozent:
Nirvana!

Endlos

Nirwana.
Endlose Tage sitzen.
Alles Karma ausschwitzen.

Wenn der letzte Vorhang fällt.
Wenn die letzte Sucht endet.
Wenn alle Anhaftungen tot sind.

Nirwana.
Endlose Träume enden.
Wunschlos denken.

Wir sind Schiffe
Auf dem Ozean des Leidens.
Wer will darin verweilen?

Nirwana.
Wege aus der Dunkelheit.
Licht der Freiheit.

Wenn wir lachen.
Wenn wir grundlos
Glücklich sind bis ans Ende
Aller karmischen Prägungen.

Befreit

Unschuldig
Ist niemand.
Karma tickt.

Ohne Ursachen
Ist das Nirwana
Völlig frei.

Sich zu binden,
Wird uns binden
Ans Leid.

Frei weilt
Der Buddha
Als Heiler.

Millionenstädte
Mit seelischen
Schäden.

Heiler Geist
Im Reich der
Bodhisattvas.

Verwehen

Verwehen.
Nie wieder entstehen
Wollen die Sehenden.

Die Blinden sehen
Nur bis zum Anfang
Dieses Lebens.

Aber selbst an ihre Geburt
Können sie sich
Kaum erinnern.

Die erwachten Sehenden
Sehen über dieses Leben
Hinaus.

Sie sehen
Den Kreislauf
Vieler Leben.

Sie wissen um das Sterben
Und das Wiedergeboren werden.
Darum wollen sie verwehen.

Nach milliardenmaligem
Wiederauferstehen wissen sie,
Nur das Nirwana ist der Ausweg
Aus allem Leid.

Lichtgeschwindigkeit

Wir rennen mit Höchstgeschwindigkeit
Ins Leid.
Wir laufen gegen die Wand
Der Verblendung.
Wir zerstören unser gutes Herz
Mit falschen Werten.

Der Ausweg
Heißt Nirwana.
Die Lösung
Heißt Nirwana.
Die Befreiung
Ist Nirwana.

Ohne Leid. Ohne Sorgen.
Ohne Probleme. Ohne Ängste.
Das ist ein Buddha.

Werde zum Buddha!
Werde zur Buddhina!
Erwache.
Lache befreit von allem Leid.

Hör auf zu rennen.
Setze dich hin!
Und meditiere …

Wir danken ihm!

Unwiderruflich
Stieß er das Wort davon
Und ging ins vollständige
Nirvana ein.

Wir sind dankbar
Für deine Worte.
Wir sind dankbar
Für dein Mitgefühl.
Wir sind dankbar
Für deine Weisheit,
Denn sie ist das Einzige,
Das uns retten kann.

Verloren in den Sorgen.
Gefangen von der Angst.
Zerrieben durch pure Gier.
Die Waffen des Hassens morden.
Ohne Buddhas Lehre gäbe es nichts,
Das die Macht hat,
Alles Leid aufzulösen und
Dieser Erde endlich Frieden zu bringen.

Frei

Einfach Nirwana,
Heißt, einfach frei
Von allem Karma.

Wo Karma wirkt,
Ist der Träger
Noch verwirrt.

Die Wahrheit
Ist leer und weit
Wie ein Meer.

Freie Schritte
Folgen den
Acht Schritten.

Nirwana heilt
Alles Leid und
Befreit vom Karma.

Betritt dein Nirwana
In der leeren Schale
Der fünf Skandhas.

Nöte löten verstörend

Verloren im Sand der Zeit.
Ewigkeit reiht sich
An Ewigkeit.

Nur Karma reift
Und Früchte sprießen,
Die ungenießbar sind.

Opfer trollen
Und der Gier blutigen
Tribut zollen.

Tränen bilden
Ozeane und formen
Falsche Ideale.

Die Negation der
Negation folgt im
Wiedergeburtsstrom.

Die Flut der Tode
Verstört das eigene Gebilde
In grässlicher Not.

Die ewige Furt
Endet nur mit dem rettenden
Nirwanschen Lot.

hoffen

Die Hoffnung bleibt
Auf eine bessere Zeit.
Leider ist das Leid
Ein Teil Samsaras.

Manchmal kommt es mit,
Manchmal ohne Ankündigung.
Auf jeden Fall überzeugt
Es mich, Befreiung
Vom Leiden zu erstreben,
Wie es Buddha empfiehlt.

Alles Leid kann enden.
Es gibt einen Wendepunkt,
Den man Nirwana nennt.
Nirwana ist der Eintritt
In ein Leben frei von Leid.

Buddha hat uns bewiesen,
Darum sei er gepriesen,
Dass alles Leid enden kann
Mit der Macht des Erwachens.

Ich folge Buddha
Und dem Wunder Nirwanas.
Er ist mein Leitstern,
Auch wenn das Erwachen fern
Und weit erscheint.
Ich will nicht ruhen und
Immer Gutes tun bis zum Erwachen.

Wünsche

Wünsche
Sind wie Küsse.
Sie sind schön,
Aber wer will schon rund um die Uhr
Geküsst werden?

Wir wünschen uns
Tausend Sachen.
Wir lassen uns
Von unseren Wünschen lenken.

Wir kriegen alles.
Ob in diesem oder
Im nächsten Leben, alles
Wird unser sein.

Aber Wünsche haben Schatten.
Es sind lange Schatten.
Alles in der Welt hat zwei Seiten,
Auch unsere Wünsche
Haben Nachteile.

So kriegen wir,
Was wir uns wünschen
Und werden doch nie glücklich,
Weil wir nicht sahen,
Welche Nachteile sie bargen.

Wunschlos ist das Glück der Buddhas.
Wunschlos glücklich im Nirwana.

Nach oben blicken

Ich hebe meinen Blick
Und sehe zu den Buddhas.
Sie haben geschafft,
Wovon wir alle träumen.

Frei von Leid
Für alle Zeit.
Frei von allen Sorgen
Und keinerlei Angst.

Ich will frei
Von Leid und Angst sein.
Ich bin die Probleme
Und Sorgen leid.

Ich falte meine Hände
Und blicke zum Buddhabild.
Ich suche Erlösung;
Die Erlösung des Nirvanas.

Frei vom Leid zu sein,
Ist keine ferne Illusion.
Das Nirvana ist real.
Es ist der Lohn
Des achtfachen Pfades.

Die Kunde des Buddha

Buddhas Geist
Ist wie die
Unendlichkeit.

Buddhas Herz
Weiß um den Wert
Jeden Wesens.

Buddhas Zunge
Ist wie eine grüne Lunge
Und reinigt alles Leid.

Buddhas Hand
Ist wie die Macht einer
Schützenden Wand.

Buddhas Lehre
Bringt die Ehre
In jedes Haus zurück.

Buddhas Glück
Ist unser Glück.
Es heißt Nirwana.

Ohne Karma

Nirwana
Ist wahr.
Karma endet
Im Nirwana
Mit dem Erwachen.

Bis zum Erwachen
Im Nirvana ist jeder Schritt
Wandelndes Karma.
Wir sind Karma.
Es ist wahrer als Materie.

Wir formen,
Was wir formten.
Wir lieben,
Was wir liebten
Und wir betrügen
Uns selbst.

Nirwana führt
Aus dem Samsara.
Samsara ist der Ort,
An dem unheilsames Karma
Wirkt und die Wesen
Manipulierend verführt.

Der Lichtberg

Nirwana
Ist wahrhaft.
Samsara
Eine schmerzhafte Lüge.

Die Leute glauben
Ihren Augen,
Statt Buddha dem Weisen
Zu vertrauen.

Dann fallen sie
Tief in ein dunkles Loch.
Die Wahrheit ist,
Es gibt das Licht.

Buddha ist wie
Ein Lichtberg.
Buddhas Licht
Erleuchtet dich.

Dieser Lichtberg
Ist ein Leuchtturm in der Nacht.
Dieses Licht hat die Macht,
Glück zu erschaffen
An allen Tagen.

Griffe ins Leere

Ein Paar Hände
Und ein Gehirn.
Beide ergreifen.
Was sie ergreifen,
Ist leer.

Wo Beständigkeit scheint,
Ist Leiden der Preis.
Die Wahrheit heilt,
Aber die Lüge vergrößert das Leid.

Renn ins Nirwana!
Reinige dein Karma.
Erlöse dich von allem Leid.
Freiheit im Geist
Von jeder quälenden Erinnerung.

Ohren hören,
Aber sie müssen
Auf Buddha hören,
Um wirklich zu verstehen.

Hände ergreifen
Und greifen nichts,
Was ewig ist.

Rechte Sicht

Die Buddhas
Sind nicht irgendetwas.
Die Buddhas
Sind Nirwana.

Was Nirwana ist,
Versteht der Weltling nicht.
Weil er mit den Augen sieht,
Statt mit der Weisheit zu sehen,
Kann er nicht
Die höhere Wahrheit verstehen.

Wer nicht versteht,
Warum ist, was ist,
Versteht sich selbst nicht.
Wer sich selbst nicht versteht,
Ist ein Blinder in der Welt
Und dazu verdammt in jede Falle
Auf dem Weg zu fallen.

Öffne deinen Herzgeist
In der Unbeständigkeit.
Sieh mit der Prajna.
Meistere den Dharma.
Erlange Nirwana.

Geharkter Sand

Der Damm bricht
Und endlich
Siehst du das Licht.

Ein Windstoß
Trug das Floss
Zum anderen Ufer.

Lange saßt du
In stiller Ruhe
Im Zengarten.

Jetzt siehst du,
Was die wahre Natur
Aller Wesen ist.

Leer ist dein Blick.
Zum Glück gibt es
Keinen Weg zurück.

Die Träume leer.
Das Herz leer.
Leer vom Leid
Für alle Zeit.

Der endlose Fall

Loslassen
Und fallen.
Der unendliche Raum
Vieler Leben.

Kalpa um Kalpa
Wuchs das Karma.
Leben um Leben
Nur geben und nehmen.

Leer wird,
Wer loslässt.
Heil wird,
Wer leer ist.

Finde Skandhas
Im Fluss.
Kein Stillstand.
Ohne Verdruss.

Loslassen
Und fliegen
Mit göttlichen Wesen
Und in Buddhafeldern
Richtung Nirvana.

Der Betrug

Wir warten immerzu
Bis zur ewigen Ruh.
Zwischen dem Warten
Warten Gedanken.

Mauern und Schranken
In unseren Gedanken
Sind der Nährboden
Für die Ranken des Hasses.

Ewige Glut einer
Verlogenen Wut
Tarnt sich als Heldenmut,
Aber ist der Betrug des Hasses.

Der Hass tarnt sich
Als legitime Macht,
Aber er ist schwach
Und verlogen.

Lass den Hass los.
Entfliehe Samsaras Sog
Und öffne die Tore
Des wahren Nirvanas.

Nirwanas Weite

Nirwanas Pfad
Ist Wahrheit.
Wo Nirwana fehlt,
Die Lüge lebt.

Nirwanas Glück
Ist entzückend.
Wo Glück verschwindet,
Herrscht Verwirrung.

Nirwanas Segen
Berührt jedes Wesen.
Wer sich erkennt,
Trennt sich vom Selbst.

Nirwanas Macht
Ist heilende Kraft.
Wer loslässt,
Wird innen fest.

Nirwanas Lohn
Ist eine neue Version
Der leeren Person,
Die dich im Spiegelbild
Anlächelt.

Das Strahlen

Nirwana strahlt
An wahrhaft Wahrem
Mehr aus als die ganze Welt
Und doch ist Nirwana
Einfach nur leer.

Kein Meer Samsaras
Reicht an die Leere Nirwanas.
Kein weltlicher Berg
Besitzt mehr Ehre.

Nirwanas Schritte
Sind leere Schritte
Im Sand des Ganges.
Er hieß Shakyamuni
Und verhieß das Paradies
Der nirwanschen Leidfreiheit.

Frei von Leid
Und unerreicht an Weisheit,
Das beschreibt unseren Buddha gut.
Tue dir gut und folge ihm
Auf allen Wegen,
Bis alles Leid verweht
Und du glücklich lebst.

Nirwana strahlt
Dich an!

Der rote Guru

Ein Buddhafeld
Ist ein Sprungbrett
Ins Nirwana.

Darum bete
Zum roten Amitabha
Und betritt Sukhavati
Am Ende deines Todes.

Rufe den Namen
Des edlen Amitabhas
Und erlange die Gabe
Seines Buddhafeldes.

Der wahre Pfad
Ist immer achtfach.
Die edle Wahrheit
Ist einfach vierfach.

Glaube an den Roten.
Rezitiere die Worte,
Die sein Mantra formen.
Spüre die Gatha und
Öffne das Tor Sukhavatis.

Wahre Freunde

Freunde
In guten und schlechten
Zeiten,
Die nicht von der Seite
Weichen.

Unser Buddha sagte,
Freunde sind wahre Schätze
Auf dem spirituellen Pfad.
Sie sind der ganze Weg,
Wenn man erwachen will.

Wahre Freunde sind Freunde.
Falsche Freunde sind
Keine Freunde.
Wenn du niemanden findest,
Der moralisch ist,
Gehe allein wie das Nashorn,
Das hat Buddha gesagt.

Aber wer Freunde hat,
Die Gutes schaffen
Und die Wahrheit leben,
Der ist reich im Leben.
Denn gute Freunde zu finden,
Ist ein Schatz auf dem Pfad,
Der acht Teile hat.
Gemeinsam finden wir
Den Weg ins Nirwana.

Baustellen

Mein Herz
Ein Gefängnis.
Meine Gedanken
Ein Maschinengewehr.
Mein Ego glaubt,
Das wäre richtig.
Oh Guru Buddha,
Zeige mir den Weg ins Nirwana.

Wunschlosigkeit
Für immer und ewig.
Denn alle samsarischen Wünsche
Sind Schlingen,
Die uns Leid bringen.

Frei von Leid.
Immer glücklich genug,
Um nichts mehr zu wünschen.
Gelöst von Form und Ideal.
Reine Heiligkeit.
Nirwana.

Frei

Kein Floss
Am Ende des Stroms.
Kein Leid
In echter Freiheit
Und wenn ein Krümmel Leid verbleibt,
Dann ist es keine Freiheit.

Frei schritt der Buddha
Im Nirwana.
Frei flossen seine Skandha
In totaler Leere.
Frei sprach er über den Pfad
Zum Nirwana.

Ohne Sorgen jeden Morgen
Erwachen und lachen.
Ohne Probleme gehen
Und sich nicht quälen
Mit verblendeten Gedanken.
Ohne Angst die Sachen machen,
Die glücklich machen.

Frei von Leid.
Das ist Nirwana.
So schön, dass keine Wünsche
Nötig sind.
Das ist Nirwana.
So rein,
Dass Leerheit Fülle ist.
Das ist Nirwana.

Das größte Wunder

Des Heils Ziel
Ist Nirwana.
Denn im Nirwana
Ist reines Heil.

Wann ist das Heil
Total rein?
Wenn es frei
Von allem Leid.

Heilig ist das Nirwana.
Denn es ist heil.
Frei von allem Leid
Ist die wahre Heiligkeit.

Falsche Heilige
Zeigen magische Wunder.
Wahre Heilige verkünden
Den Weg zum Heil.

Des Heils Lehre
Lehrte der Buddha.
Buddha war der Verkünder
Des heiligsten Wunders:
Der Leidfreiheit.

Ströme

Ein Strom führt aufwärts.
Ein Strom führt abwärts.

Er tritt in den Strom
Mit siebenfacher Geburt
Und spürt, wie das Leid
Immer mehr schwindet.

Die neue Geburt ist freier.
Die nächste noch freier.
Immer weniger Leiden
Kleben an den Resten.

Ein anderer wird
Weggerissen vom Strom.
Sinne brennen und er
Hemmt sich selbst
Mit seinem riesigen Ego.

Der Strom Samsaras
Und der Strom,
Der ins Nirwana führt.
Wähle deinen Strom
Und fühle die Bedeutung
Wahrer Befreiung.

Leere Herzen

Leer im Herz.
Frei von Leid.
Der Meister verweilt
Lächelnd im Nirwana.

Kein Schritt,
Der voller war.
Jeder Schritt
Total leer.

Das Lächeln
Ist endlos.
Das Lächeln
Nährt sich aus Leere.

Wir fliegen
Zu den Sternen
Und auf dem Berg sitzt
Einer und erwacht.

Leer im Geist
Und frei von Leid.
Reisen wir gemeinsam
Ins Nirwana!

Grenzenlos

Nirwana hat keinen Sog.
Es hat nicht einmal
Geld und Reichtum.
All das findest du nur
Im Samsara.

Warum wollen dann
Millionen junge Männer
Wie ich ins Nirwana?
Samsara bietet uns
Schließlich Reichtum und Ruhm.

Weil Samsaras Ruhm
Eine Farce ist.
Weil Samsaras Reichtum
Eine Illusion ist.
Gibt uns Samsara heute
Reichtum und Ruhm,
Nimmt es uns morgen
Alles wieder weg.

Im Samsara ist alles
Absolut vergänglich.
Nirwana ist ungeboren
Und ungeschaffen.
Darum ist das Glück
Im Nirwana rein und grenzenlos.

Der Unterschied

Die Gabe
Lebendiger Wahrheit
Fand sich im Buddha.
Denn er war Nirwana.

Oberfläche scheint,
Aber gibt nicht preis,
Was sie wirklich ist.

Die Narren verstehen nicht,
Wie groß der Unterschied
Zwischen Schein und Sein ist.

Blinde laufen in den Graben,
Weil sie ihn für einen Berg halten.
Sie laufen Geld und Ruhm hinterher
Und kümmern sich nicht mehr
Um ihr Erwachen.

Große Sprünge.
Übertritte.
Klare Momente.
Heile Gedanken
Und Ranken in die Buddhafelder.

Om. Soha.

Der nirwansche Blick

Nirwanas Glorie
Ist fulminant
Und extravagant.

Nirwanas Glanz
Strahlt durchs
Ganze Land.

Wer Nirwana sieht,
Sieht mit
Erwachtem Blick.

Wer Nirwana lebt,
Ist verweht vom Hang
Am Weltlichen.

Nirwana ist
Wie unsere Sonne
Eine wahre Wonne.

Nirwana wird wahr
Für den Stromeingetretenen
Am prophezeiten Tag.

Vollendung

Die Suche
Nach dem Nirwana
Ist die Suche
Nach der letztendlichen
Wahrheit.

Wenn alles nur ein Produkt
Einer tieferen Wahrheit ist,
Gibt es dann eine
Letztendliche Wahrheit?

Nirwana ist das Höchste.
Nirwana ist das Finale.
Nirwana ist Verwehen
Von allem weltlichen Wesen.

Nicht ist Nirwana nichts.
Buddha lebte Nirwana.
Denn, weil er Nirwana war,
War er Buddha.

Wir alle können
Im Nirwana leben
Als vollendete Wesen
Und frei von Leid sein.

Jahrzehntelanges Nirwana

Wenn Sinn leer wird,
Bist du dem Kern
Des Daseins nah.

Es ist kein Betrug,
Aber aller Schein
Ist Betrug.

Die Wahrheit ist leer
Und die Leere zu leben,
Ist Nirwana.

Jahrzehnte lebte
Buddha frei und leer
Im Nirwana.

Leere Liebe
Ohne Gier ist
Grenzenlos.

Eine leere Welt
Findet sich selbst
Und heilt alles Leid.

Frei und heil,
Das ist Buddha und
Sein Nirwana.

Sinnesfesseln

Solange deine Sinne brennen,
Bist du im Samsara.
Erst wenn die Sinne
Vollständig gelöst sind,
Erlebst du Nirwana.

Sinnesreize entzücken
Und Sinnesreize bedrücken.
Im Sex geneckt.
Im Folterkeller gestreckt.
Wer das eine will,
Wird auch das andere kriegen.

Löse die Sinnesreize,
Indem du die Kette
Bis zu ihrem Ursprung begleitest.
Erkenne Ursache und Wirkung
Und wie die Erkenntnis
Heilsame Loslösung bewirkt.

Sinnesreize brennen
In dem leidenden Weltling.
Gelösten Sinns
Verweilt das Buddhakind.
Die Freiheit des Geistes entsteht,
Wenn die Sinne nicht mehr quälen.

Das leere Heer

Die Götter hören zu.
Die Asuras hören zu.
Alle Weisen hören zu.
Warum hörst du nicht zu,
Wenn der Buddha vom Nirwana spricht?

Seine Lehre ist tief.
Seine Leere ist tiefer.
Sein Dharma ist die tiefste Lehre
Der gesamten Erdgeschichte.

Leer ist das Heer
Der Bodhisattvas.
Heilig ist das Heil
Der vollendeten Arhats.
Frei sind die Weisen
Durch die Worte des Dharmas.

Die Natur ist pur,
Denn sie ist leer.
Die Lehre ist rein,
Denn sie heilt.
Die Welt vergeht,
Der Weise verweht.

Leer im Herz.
Das Sein Nirwanas.
Gelöstes Karma.
Wahrer Wert.

Ruhe

Nur Nirwana.
Nur Buddha.
Wahre Ruhe.

Die Welt schreit
In seinem Geist.
Sie bleibt unerhört.

Der Weltling quält sich
Mit tausend Sorgen,
Die niemals enden.

Der Weltling sägt
An seinem Glück mit seinen
Eigenen verblendeten Gedanken.

Der Buddha saß
In vollendeter Pracht
Und war voll-erwacht.

Er lehrte den Pfad
Zu innerer Ruhe
Und Frieden im Herzen.

Frieden

Frieden finden
In der Friedensliebe.
Frieden finden
Im Nirwana.

Nirwana brennt nicht.
Es rettet dich!
Vertraue Buddhas Worten
Und folge dem Dharma.

Die Hoffnung stirbt,
Denn die Welt betrügt.
Schöne Formen, Brüste,
Geld und Ruhm;
Alles ist vergänglich.

Nirwana weilt ungeschaffen
Und ungeboren.
Nirwana befreit vom Zwang
Und allem Leid.

Wähle den Pfad,
Der acht Teile hat.
Finde Nirwana und
Erlebe wahren Frieden.

Freiheit

Frei zu sein,
Heißt, wirklich reich
Zu sein.
Denn was ist Reichtum
Anderes, außer die Freiheit
Zu tun, was man will.

Es gibt
Keine größere Freiheit
Als die Freiheit Nirwanas.
Die Freiheit im Nirwana
Ist grenzenlos.

Kein Geld
Kann so viel Freiheit bieten
Wie das wahre Nirwana.
Darum ist das Nirwana
Der größte Reichtum aller Welten.

Du willst reich sein,
Weil du frei sein willst,
Dann wähle Nirwana.
Wähle weise und frage dein Herz,
Wie viel Freiheit es begehrt?
Die maximale Freiheit
Bietet das Nirwana.

Ein besseres Leben

Ich will frei sein,
Darum wähle ich
Nirwana.

Ich will fliegen
Mit meinen Gefühlen.
Das führt mich ins
Nirwana.

Mein Herz soll strahlen
Und das geht nur unbegrenzt im
Nirwana.

Meine Augen wollen
Ein besseres Leben schauen.
Das wird nur gelingen im
Nirwana.

Ich will grenzenlos
Glücklich sein im
Nirwana.

Es gibt nur eine Möglichkeit,
Alles Leiden zu befrieden
Und das ist Nirwana!

Das Nirwana

Das Nirwana.
Die größte Macht,
Denn es besiegt alles Leid.

Was sonst
Ist mächtig genug,
Alles Leid zu besiegen?

Kein Leid
Findet sich
Im Nirwana.

Keine Sorgen,
Ängste und Probleme
Quälen im Nirwana.

Das Nirwana
Ist frei von Leid
Und vollkommen heil.

Finde Nirwana in dir
Und verwandel die ganze Welt
In einen besseren Ort.

Kämpfe

Die Welt brennt.
Menschen weinen.
Mütter schreien.
Ein Mönch flennt.

Wir kämpfen nicht
In der Welt.
Wir kämpfen nicht
Mit der Welt.
Wir kämpfen
Mit uns selbst.

Solange wir
In uns kämpfen,
Werden wir
Mit der Welt kämpfen.

Die Kämpfe in der Welt
Sind nichts als Projektionen
Menschlicher Gedanken.

Gedanken formen.
Gedanken erschaffen.
Verblendete Gedanken
Morden und vergewaltigen.
Erwachte Gedanken
Sind Nirwana.

Sonnenstürmer

Mit den Flügeln der Weisheit
Fliegen wir ins Paradies Nirwanas.
Nichts hält uns auf.
Wir haben die Fesseln
Samsaras gesprengt.

Mit den Träumen des Herzens
Rennen wir ins Nirwana.
Das Blut unserer Liebe
Sehnt sich nach dem Höchsten
Und dem Glück der Reinheit.

Mit den Wolken treiben wir.
Nirwana ist unter unseren Füßen.
Wir sind die Tänzer
Eines erwachten Zeitalters.
Unser Atemstrom reinigt
Mit jedem Atemzug die Welt.

Mit dem Sonnenschein lächeln wir.
Denn wir sind rein im Herzen
Und bereit, Buddhafelder zu sehen.
Wir sind hier und jetzt.
Aber das Hier und Jetzt Nirwanas
Ist anders als alles Weltliche.

Die Eintrittskarte

Hektik und Stress;
Das ist die Welt.
Frieden ist Nirwana.

Lass los und fliege heim.
Finde den Frieden
Im Reich Nirwanas.

Die Welt hat einen Preis.
Nirwana ist frei
Von jeglicher Gegenleistung.

Nur der Pfad zum Nirwana;
Der achtteilige Dharma
Ist die Eintrittskarte.

Willst du gestresst bleiben
Oder dich befreien?
Nirwana ist Freiheit.

Willst du glücklich sein
Oder in Sorgen verweilen?
Nirwana beruhigt alle Sorgen.

Willst du sinnvoll leben
Oder dich sinnlos quälen?
Nirwana ist der tiefste Sinn!

Wahre Liebe

Wenn wir wahrhaft lieben,
Wie könnten wir anders lieben,
Als das Nirwana anzustreben?

Wir wünschen uns
Das größte Glück
Für unsere Liebsten.

Alles Glück Samsaras
Ist vergänglich.
Aber das Glück Nirwanas
Entzieht sich Samsara.
Es ist anders.
Es ist heiler.

Wenn wir sie lieben,
Müssen wir Nirwana anstreben.
Wir müssen ihnen alles geben,
Denn das bedeutet Liebe.

Wir lieben und fühlen.
Wir achten auf sie
Mit glühendem Herzen.

Die Natur Nirwanas

Nirwana
Entsteht nicht
Aus Dharma.
Nirwana entsteht nicht.
Nirwana ist,
Aber es ist nicht bedingt.

Der Dharma
Führt ins Nirwana.
Das können wir sagen,
Weil es alles ist,
Was wir haben.
Denn unser Bewusstsein
Ist weltlicher Natur.

Nirwanas Macht
Ist stark.
Nirwanscher Geist
Befreit vom Leid.
Nirwanas Wege
Sind schwer zu finden.

Buddha offenbart
Das Wahre im Nirwana.
Er zeigt die wahre Natur
Der großen Ruhe.

Der Ekel

Ekel über-
Kommt den Weltling,
Wenn immer ihm etwas gewahr wird,
Das er ablehnt.
Hass entsteht und
Ablehnung führt zu Aktionen.

Ekel über-
Kommt den Sinnsucher,
Wenn er dem Spiel
Aus Gier und Hass gewahr wird.
Sie setzen sich still hin
Und sammeln ihre Energie.

Ekel
Stößt ab,
Was die Gier
Nicht anziehen will.
Es ist ein ewiges Spiel,
Das der Weise zerstört,
Indem er Nirwana realisiert.

Ekel
Gebiert die Welt,
Wenn sie sich selbst ins Gesicht sieht.
Frieden
Gebiert die Sangha
Beim Anblick des Nirwanas.

Rettung naht

Rette die Welt,
Indem du Nirwana wirst.
Alle anderen Versuche
Sind gescheitert,
Weil sie nicht begriffen haben,
Wie die Welt wirklich ist.

Nirwana ist die Lösung
Für alle Probleme.
Nirwana bringt Befreiung
Von allem Leid.

Die Welt kann heilen,
Aber wenn sie so bleibt,
Wie sie jetzt ist,
Wird sie weiter leiden.

Retten wir die Welt,
Indem wir Nirwana werden.
Retten wir unsere Herzen
Durch wahre Werte.

Retten wir uns,
Wenn wir Nirwana sind?
Ja, das stimmt.
Wenn wir erwachen,
Wird alles strahlen.

Selbstfindung

Sich verlieren;
Das ist Samsara.
Sich finden;
Das ist Nirwana.

Wir reisen
Von Tag zu Tag.
Wir verlieren uns
Im hektischen Alltag.

Das Gefühl
In uns wird fremd.
Wir können uns
Nicht spüren vor Hektik.

Wer sich verliert,
Verliert alles.
Wer sich findet,
Findet Freiheit.

Nirwana ist das Licht
In einer chaotischen Welt.
Nirwanas Sicht erhellt
Deine kleine Welt.

Die Zeit Nirwanas

Zu früh. Zu spät.
Selbst Zeit verändert sich,
Wenn du das Nirwana betrittst.

Die Phasen des Lebens.
Ewiges kommen und gehen.
Reifen im Zeitstrom.

Nirwana wandelt sich
Nicht, denn Wandel findet sich
In der Leere nicht.

Nirwana sitzt still
Und vollendet den Willen
Des reinen Seins.

Viele Jahre vergehen.
Die Zeit bleibt nicht stehen
Und doch ist Nirwana frei.

Alt und Jung erscheinen.
Die Wahrheit ist das Sein
Und nicht der Schein.

Klar sehen

Ideen.
Verwegene Ideen.
Traumschlösser.
Sie platzen wie Seifenblasen.
Alle!

Wie ein Traum;
Wirklich nur einem Traum gleich
Ist die Realität,
Wie sie die Verblendeten sehen.

Es gibt Wahrheit.
Sie folgt der Klarheit,
Die man sieht,
Wenn man Nirwana betritt.

Der Wahrheitsblick
Ist ein Geschenk
Nirwanas.

Die Wahrheit zu sehen,
Ist heilsamer
Als alle Ärzte,
Denn es gibt Wiedergeburt.

Den Kreis durchbrechen

Wiedergeburt
Um Wiedergeburt.
Du denkst, du entkommst
Mit deinem Tod, aber eine neue Furt
Wartet auf dich.

Auferstehen
Mit altem Karma.
Alles ist neu,
Aber das ist eine Illusion
Des Samsaras.

Reifen in
Guten und schlechten Zeiten.
Nimmerwiederkehr
Im Nirwana.

Geburt heißt Tod.
Geburt heißt Alter und Krankheit.
Geburt heißt Gewalt.
All das holt dich ein
Mit jeder Geburt,
Solange du nicht erwachst!

Befreie dich aus dem Kreislauf,
In dem du schon Millionen mal
Gelebt hast.

Angst

Leere Augen schauen
Durch das Grauen
Und sehen die Liebe,
Die sich selbst im
Tiefsten Hass versteckt.

Leerer Geist
Gräbt sich durch alle Schichten
Und findet die Verletzlichkeit
In jedem Bewusstsein.

Wir sind sterblich.
Unsere Sterblichkeit macht Angst.
Die Furcht, alles zu verlieren,
Macht uns krank.

Ein neuer Pfad,
Der frei von Angst.
Ein neues Leben
Mit unverletzlicher Liebe.

Wir setzen einen Schritt
Auf dem Weg Nirwanas.
Wir finden uns aufs Neue,
Aber mit mehr Treue
Zu etwas, das wirklich heilt.

Kinderaugen

Was Nirwana ist,
Fragt das Kind?
Ehrlichkeit,
Sagt der Vater.
Der Großvater ergänzt:
So grenzenloses Glück,
Dass keine Wünsche
Mehr nötig sind.

Nirwana ist,
Auch wenn die Narren
Es leugnen.
Nirwana heilt,
Auch wenn die Schriftgelehrten
Auf ihren Kanzeln lamentieren.
Nirwana wirkt,
Egal, was die Presse schreibt.

Wir sind Schiffer
Auf dem Fluss zum Nirwana.
Wir sind Piloten und
Fliegen den Achtfachen entlang.
Wir sind Schäfer und
Hüten unsere Dharma-Erkenntnisse.

Was Nirwana ist,
Fragt das Kind?
Frieden, sagt die Großmutter.

Wahre Rettung

Vergessen
Kann uns nicht retten.
Sie wollen vergessen.
Mit Alkohol, Sex und Drogen.
Aber immer kommt es
Wie ein Vorschlaghammer zurück.

Der Weg zum Glück
Ist der Weg Nirwanas.
Der Weg zu einem heilen Geist
Ist der Weg Nirwanas.
Der Weg zum Sieg über
Die alten, quälenden Gedanken
Ist der Weg Nirwanas.

Wie viel du säufst, trinkst,
Fickst oder zockst, es kommt
Zurück und du fällst ins Loch.
Denn Karma bleibt,
Selbst, wenn der Geist
Sich völlig betäubt hat.

Vergessen wird dich nicht retten.
Buddhas Weg kann dich retten
Und die Ketten sprengen,
Die dich an die Vergangenheit binden.

Nicht Nichts

Wege ins Nichts
Sind nicht die Wege,
Die ins Nirwana führen.
Die großen Lügner sagen,
Nirwana wäre eine Scharade
Und nur leeres Nichts.

Nirwana ist leer,
Aber nicht Nichts.
Nirwana ist leer von Leid.
Nirwana ist leer von Gier.
Nirwana ist leer von Hass.

Buddha lebte über vierzig Jahre
Im Nirwana.
Buddha bewies mit seinem Leben,
Dass Nirwana nicht Nichts ist.
Buddha zeigte ein Leben lang,
Wie er im Nirwana wandelte.

Wege in die Fülle
Sind die Wege Nirwanas.
Es ist die Fülle des Dharmas.
Es ist die Fülle der Sangha.
Es ist die Fülle deiner Buddhaschaft.

Wahltag

Bewusst wählen,
Statt sich zu quälen.
Unbewusste Triebe
Zerstören die Liebe.

Bewusst wählst du
Dein wahres Unglück.
Unbewusst treibt dich die Gier
In die Tiefe.

Sitze und meditiere
Und lerne zu verlieren,
Wenn es das Verlieren
Von Hass und Gier ist.

Wähle das bewusste Nirwana,
Anstatt des unbewussten Samsaras.
Wähle den Frieden,
Statt samsarische Kriege.

Nirwana bietet dir Harmonie.
In Samsara findest du das nie.
Samsara raubt dir das Glück,
Der Dharma bringt es dir zurück.

Stabil

Wir leben
Und bauen Kartenhäuser.
Der Wind kommt
Und das Haus fällt.

Jedes Lebenswerk
Ist wie ein Kartenhaus.
Egal, wie gut du es baust.
Stürme werden es zerreißen.

Wenn du etwas willst,
Das stabiler ist und
Dir mehr Sicherheit bietet,
Gibt es etwas.

Nirwana ist mehr
Als dein Kartenhaus.
Es widersteht den Stürmen
Und trotzt Samsara.

Nirwana ist stabil.
Es gibt nichts in der Welt,
Das stabiler ist
Als das heilige Nirwana.

Gefühle führen

Ein leeres Gefühl.
Es führt mich tief.
Die Realität verwischt
Und offenbart mir
Eine höhere Wahrheit.

Nirwana nannte es der Buddha.
Endlich kommt es ins alte Europa.
Wir falten dankbar die Hände.
Buddha kann unsere Welt retten.

Es beginnt mit Vertrauen.
Dem folgt heiliger Glauben.
Daraus wächst der Lotos
Und der richtet den Fokus
Auf die mitfühlende Weisheit.

Nirwanas Spuren
Findest du in tiefster Ruhe.
Wenn alles in dir schweigt,
Bist du soweit, um das Wunder
Von Buddhas Nirwana zu erleben.

Nirwana zu realisieren,
Heißt, alles Leid
Zu vaporisieren.

Die rettende Oase

Himmel fallen.
Planeten implodieren
Und Sonnen verwandeln sich
In schwarze Löcher.

Kein Gott bleibt
In Ewigkeit gleich.
Im Strom von Anziehung und
Abstoßung ist alles ungewiss.

Eine Oase
In der Wüste der Gefühle.
Eine rettende Insel
Im Ozean des Chaos.

Nirwana ist die Oase
Und die rettende Insel.
Nirwana ist mehr als
Jedes göttliche Paradies.

Nimm Zuflucht
Zu den drei Juwelen.
Finde die tiefe Ruhe
Im Buddhafeld.

Treffen

Sie zu sehen,
Zerreißt mein Wesen.
Denn sie zerriss mein Herz
Vor langer Zeit.

Welches Wesen,
Fragt der Buddhist in mir?
Es ist nur eine Illusion
Wie ein Blitz oder Tautropfen.
Es kommt und geht
Und bringt mir Leid.

Leerheit besteht den Test
Des wahrhaft Echten.
So ist mir die Begegnung
Eine Prüfung meiner spirituellen Reifung.
Weit scheint der Weg
Und weiter sagen die Zeichen.

Sie zu sehen,
War ein Erlebnis
Und bringt Erkenntnis.
Wenn „ich" Nirwana bin,
Wird mich nie wieder der Schmerz
Alter Liebschaften quälen.

Die Alternative

Hält die Welt,
Was sie verspricht?
Wer das glaubt,
Dessen geistiges Licht
Ist sehr klein.

Sieh über die Welt!
Das Elend ist grenzenlos.
Die Krankheiten sind schrecklich.
Krieg und Korruption die Realität.

Haben wir eine Wahl
Oder sind wir verdammt
Zu ewiger Qual?
Schwer ist diese Frage,
Aber es kam einer,
Der bewies, wie es anders geht.

Siddhatta soll er geheißen haben.
Manche sagen, er war
Der Weise aus dem Shakya-Clan.
Wir nennen ihn heute Buddha.
Er ist der Verkünder des Nibbanas.

Nirwana ist die Alternative.
Es gibt gar keine andere Alternative.
Nur es kann uns aus der Qual führen
In ein Leben frei von Leid.

Freie Räume

Freiraum heilt.
Wer im Nirwana weilt,
Ist ultimativ frei.

Nirwana beruhigt.
Die tiefe Ruhe
Des Nirwanas tut gut.

Nirwana vergibt,
Was auch immer
Man ihm antut.

Das wahre Strahlen
Des heiligen Nirwanas
Übertrifft alle Sonnen.

Wir wählen
Nirwanas Sphären
Und erwachen.

Wir atmen
Als Neue ein und
Nehmen das Alte an.

Danach

Helden sterben.
Weise sterben.
Auch die Reichen sterben.

Was wir mitnehmen?
Karma!
Alle von uns?
Nein, Buddhas sind rein.

Kreisen von oben
Nach ganz unten.
Viele Höllenwesen
Waren einst Götter
Im Himmelreich.
Jeder Reiche wird
In diesem oder nächsten Leben
Wieder arm sein.

Nirwana ist weder Sein
Noch Nicht-Sein.
Aber Buddha lebte
Vierzig Jahre im Nirwana,
Gelöst vom Dasein
Als reinstes Sein der Wahrheit.

Wenn alle sterben,
Um wiedergeboren zu werden;
Was geschieht mit den Buddhas?

Hell leuchten die Buddhafelder
Und laden dich ein.
Wechsel auf die Überholspur
Ins Nirwana.

Zukünftiges Glück

Nirwanas Pfad
Ist erhaben.
Erhaben über
Leid und Sorgen.

Wer zum Nirwana wird,
Hat das Leid abgewürgt.
Wer Nirwana ist,
Ist ein Buddha-Kind.

Nirwanas Tränen
Verwehen im Glückseligen.
Samsaras Sorgen
Verschwinden am Morgen.

Nirwanas Wind
Findet dich.
Lass los und
Werde frei.

Nirwana wartet
Auf dich an jedem Tag.
Dein Dank
Wird frei von Leid sein.

Der Weg der Mitte

Wir leben
Und wir geben.
Wir trauern
Und wir weinen.

Tiefes Vertrauen
Entstand in mir
In die Liebe des Buddhas
Und seinem Nirwana.

Diese Welt ist schön.
Diese Welt ist hässlich.
Extreme pendeln.
Die Mitte ruht.

Er lehrte
Den Pfad der Mitte.
Er ehrte
Mit vierfacher Liebe.

Ich wählte Nirwana
Als hehres Ziel.
Ich folge dem Buddha
In tiefer Harmonie.

An der Kreuzung des Lebens

Nur im Nirwana
Fällt der Blick
Auf das letztendliche
Wahre

Solange
Das Auge verblendet
Wendet es sich
Vom Wahren

Wer in Illusion
Gefangen
Muss Leid
Ertragen

Wahrheit heilt
Alles Leid
Die Lüge verführt
Zu sinnlosen Zügen

Wähle weise
Oder kreise
Für ein weiteres Kalpa
Im Leidenskreislauf

Du ohne Du

Du
Ohne Du
Frei
Ohne Leid

Nirwana
Nicht Samsara
Samsara mit
Schmerz

Wesen
Entstehen
Erwachte
Verwehen

Freie Schritte
In den Ritzen
Zwischen dem
Leid

Ein neues Du
Ohne Du
Ein altes Wir
Mit Mitgefühl

Losgelöst

Ich verweht.
Kein Nicht-Ich entsteht.

Klare Schritte
Im Flussbett
Des Ganges.

Das Sonnenlicht
Trifft auf die Linse
Des Auges.

Ein Lächeln entsteht
Ganz natürlich
Bei einem Gespräch.

Alles bleibt gleich.
Nichts könnte sich
Mehr unterscheiden.

Nirwana und Samsara
Gleichen sich äußerlich.
Doch es gibt nichts,
Das sie noch verbindet.

Zielgerade

Gerade. Ungerade.
Verfahren.
Feststecken im Schlamm
Samsaras.

Alter. Krankheit.
Leid schweißt
Nicht zusammen.
Einsamkeit wird
Zur Großstadtfalle.

Nirwana heilt.
Lass sie schreien,
Meckern und zweifeln.
Wir wissen,
Was Buddha bewies.

Nirwana sät nicht.
Nirwana quält nicht.
Es sitzt ganz ruhig
Und tut gut.

Die Stimme bricht
Im Licht.
Die Wahrheit schweigt,
Weil Verblendete nicht verstehen.

Treu

Treue ohne Reue.
Ich wählte Buddha
Als mein tägliches Futter.
Jetzt bin ich stark
Dank Buddhas Pfad.

Nirwanas Schein
Erhellt meinen Geist.
Nirwanas Lehre
Bringt wahre Ehre.
Nirwanas Glück
Ist wunderschön.

Mit Buddha schreiten
Und nirwanisch reifen.
Mit Buddha träumen
In leidfreien Räumen.
Mit Buddha lächeln
Und sich befreit betten.

Ich wähle den Buddha
Als meinen Führer.
Er führt mich heim
In mein wahres Heim,
Dessen Name Nirwana ist.

Der Arzt

Mit jedem Schritt
Dem Nirwana entgegen.
Was sollte sonst der Sinn
Eines heiligen Lebens sein?

Zu erwachen,
Heißt zu verstehen.
Es heißt, klar zu sehen,
Was wirklich ist.

Wer genau versteht,
Kann helfen,
Wie es Blinde niemals können.
Denn er sieht,
Wo der Schmerz entsteht.

Wenn wir im Nirwana sind,
Können wir jedem Kind
Die perfekte Therapie zeigen,
Um es dauerhaft zu heilen.

Ein Arzt des Nirwanas
War unser Buddha.
Er kannte die Therapie
Gegen alles Leid.

Der nirwansche Alltag

Nirwanas Glanz
Überstrahlt aller
Sternen Glanz.

Die Sonne ist hell,
Aber die Welt Nirwanas
Ist heller.

Heilig scheint der Mond,
Aber wer im Nirwana wohnt,
Ist völlig heil.

Nirwanas Weg
Zu erleben, ist ein Wunder
Der Buddhas.

Jeden Morgen
Erwachen ohne Sorgen,
Ängste oder Probleme.

Wer im Nirwana lebt,
Dessen Dasein erhebt sich
Ins irdische Paradies.

Pratyekas

Jeder Atemzug strebt
Dem Nirwana entgegen.
Die Ehre der Hehren,
Die Nirwana leben.

Wandelt einer auf Erden
Im nirwanschen Reich?
Weit und breit kenne ich keinen.
Aber es gibt Pratyekas.

Niemand sieht sie.
Niemand hört sie.
Aber sie sind frei
Von allem Leid.

Still und heimlich
Verwehen sie.
Wie das ferne Sternenlicht
Erwachen sie.

Mitten unter uns
Könnte einer sein,
Der es schafft, sich
Vollständig zu befreien.

Standhaftigkeit

Frei fliegen
Auf Buddhawolken.
Ehre kassieren
Mit heilen Worten.

Jeder Schritt im Nirwana
Ist frei von Samsara.
Jeder heile Gedanke
Reißt Schranken ein.

Verführt und
Sich das Herz verbrüht.
Standhaft geblieben
Im seligen Frieden.

Die Welt Nirwanas
Ist frei von Karma.
Wo kein Karma ist,
Gibt es kein Leid.

Ohne Sorgen
Erwachen am Morgen.
Frei von Problemen
Mitgefühl geben.

Unvorstellbar

Nirwansche Furt
Beendet den Kreislauf
Ewiger Wiedergeburt.

Sie wollen unsterblich sein,
Aber sie begreifen nicht,
Dass sie das quasi sind,
Bis sie erwachen.

Unvorhersehbar
Und unvorstellbar groß
Und endlos ist der Kreislauf
Dieses Samsaras.

Buddha löst
Geburt und Tod.
Buddha vollzog
Das radikalste Loslassen.

Ungebunden an alle
Teile der Welt
Wurde er zum Held
Einer neuen Bewegung.

Der Hafen

Träume weben,
Aber solange wir träumen,
Versäumen wir den Pfad
Der höheren Wahrheit.

Er nannte es Nirwana.
Es ist nur ein Symbol.
Jedes Wort ist am Ende hohl.
Aber Nirwana sehr wohl real.

Wenn dein tägliches Leben,
Einfach nur gegeben,
Was lohnt ein Streben
Nach dem tieferen Sinn?

Aber da ist mehr,
Obwohl es ein leeres Meer ist,
Bist du das Schiff und
Steuerst den Hafen an.

Betritt das Land.
Du hast es in der Hand,
Ob du morgen leidfrei lebst
Oder dich weiter quälst.

Der Feuerrote

Aus dem Schmutz der Welt
Erhebt sich über die Welt
Eine feuerrote Lotosblüte.

Ein Duft verbreitet sich
Und trägt in sich
Das Aroma der Befreiung.

Ruhig liegt der See
Und ein kleiner Weg
Führt zum Lotostümpel.

Eine kleine, rote Blume
Mahnt zu mehr Geduld,
Um die Wahrheit zu finden.

Der feuerrote Lotos spricht
Ein sehr altes Gedicht,
Das über Nirwana spricht.

Jedes feuerrote Blatt
Offenbart die Macht
Der dharmschen Befreiung.

Das Heer der Bodhisattvas

Die Leere
Der Bodhisattva-Heere
Lagert auf der Grenzscheide
Zum Nirwana.

Immer bereit,
Zu verwehen.
Immer bereit,
Zu helfen.

Ein Tautropfen
Lässt hoffen.
Eine Idee reift
Zur Weisheit.

Die Blätter des Bodhibaums
Stehen im satten Grün.
Du musst dich rühren,
Um Nirwana zu spüren.

Verlasse dein altes Selbst.
Betritt die neue Welt
Der nirwanschen Sphären
Und lerne, leidfrei zu leben.

Blutrote Flüsse

Tränen verwehen
Und bilden tausend Flüsse.
Herzen bluten
Und fluten die Welt.

Endloses greinen
In allen vier Weiten.
Trost ist groß,
Aber verbrennt in Bitterkeit.

Arm, vergewaltigt,
Vergessen, ermordet.
Die Welt geizt nicht
An neuen Problemen.

Zur Einsamkeit verdammt,
Wird Depression zum Gewand
Einer ganzen Generation
In den Großstädten.

Einfach wäre ein Ausweg.
Nirwana ist sein Name.
Aber seinen Pfad zu beschreiten,
Erfordert einen Entschluss.
Zu viele haben Angst,
Das bekannte Leid loszulassen,
Um in unbekannten Gewässern zu segeln.

Seine Geschichte

Frei sein.
Nicht mehr leiden
Und voller Weisheit sein.
So stelle ich mir
Das Nirwana vor.

Ich lese über den Buddha.
In der Sangha erzählen
Sie die Geschichten des Buddha.
Beeindruckt lausche ich
Und versuche zu verstehen,
Wie er es schaffte,
Das Nirwana zu erleben.

Er war frei
Und besaß Weisheit.
Das hatten schon viele.
Zudem gab es
Kein Leiden mehr in ihm.
Das machte ihn besonders.

Nirwana war sein Ziel
Auf dem achtfachen Pfad.
Er folgte dem Dharma
Bis zum Nirwana.
Er gründete die Sangha.
Darum reisen wir gemeinsam
Ins heilsame Nirwana.

Das Ende der Geschichte naht

Was sind
Und waren wir?
Was bleibt,
Wenn der letzte Atem weicht?

Sind wir eine Geschichte
Oder nur eine Anhäufung von Zellen?
Haben wir ein Karmakonto,
Das weiter reift?

Nirwana: War Buddhas Antwort
Auf die tiefsten Fragen.
Ich verstehe und verstehe
Doch nichts.

Mein Herz leert sich,
Denn Tränen rollen wie der Ganges.
Heiliges Wasser,
Nur der Heilige fehlt.
Denn Heil findet meine Seele nicht.

Verlust. Verdruss.
Angst, sie zu verlieren.
Hoffnungslos gegenüber
Dem Unausweichlichen.
Gäbe es …

Es gibt.
Aber die Erlösung ist anders,
Als wir denken.
Aber was kann verblendetes Denken
Schon richtig lenken?

Tränen im Wind

Tief sitzt der Schmerz
In meinem Herzen.
Aber ihr Schmerz
Ist härter.

Der Krebs frisst sie
Stück für Stück auf.
Immer weniger
Bleibt zurück.

Ich frage
Nach dem Nirwana?
Ich verdamme
Das Samsara.

Kann ich etwas tun?
Ich will nicht
Hilflos ruhen.
Sei es nur, dass wir Menschen
Reifer wären, um mit den Schicksalsschlägen
Besser umzugehen.

Buddha lehrte
In seiner ersten Predigt
Vom Leiden.
Es zu hören, erweckt.
Es zu erleben, zermürbt.

Verweht

Das Leben vergeht.
Alles vergeht.
Nur ein Buddha verweht,
Aber Vergehen
Gibt es bei Buddhas nicht.

Vergänglichkeit ist Samsara.
Keine Vergänglichkeit im Nirwana.
Leidhaft ist Samsara.
Kein Leid mehr im Nirwana.
Selbstlos ist der Buddha.
Aber kennst du einen größeren Mann
Als unseren Buddha?

Endlich und unendlich.
Leere Heere.
Mara ist besiegt,
Weil ihm Buddha
Den Spiegel vorhielt.

Ergreifen?
Kein Griff gelingt dem Dämon
In ein leeres Herz.
Unerreichbar
Wurde der Buddha
Für den Mara.

Vergehen endet,
Wenn Verwehen vollzogen.
Verweht wandelte Buddha
Über vierzig Jahre auf Erden.

Technologien

Kollektiv
Oder individuell?
Der Unterschied
Ist eine Illusion.

Inhärenz gibt es weder
Im größten Kollektiv,
Noch im komplexesten
Individuum.

Ob heute oder in
Tausend Jahren, wenn
Alles hypertechnisiert ist:
Nirwana ist die höchste Realität.

Leer im Menschenheer
Und im Reich der Cyborgs,
Drohnen und KI-gesteuerten
Maschinen.

Evolution ist unaufhaltsam,
Aber alles bleibt eine Illusion
Stetiger Vergänglichkeit.
Nirwana weilt wahrhaft.

Weiter

Die Weite des Universums
Wird zur winzigen Nussschale
Im Vergleich zu der Weite
Des Nirwanas in Buddhas Herz.

Unvorstellbar für
Den unerleuchteten Geist.
Einem Nebel gleich
Liegt die Verblendung in uns.

Wie ein ruhiger Bergsee
Mit kristallklarem Blau
Fließen die Worte des Buddhas,
Wenn er vom Nirwana spricht.

Die Winde blasen
Und sie tragen die Namen
In die leeren Höhen
Des heiligen Wandels.

Wie eine orange Schlange
Wälzen sich die Ordensmänner
Und traben gemütlich
Der Freiheit Nirwanas entgegen.

In der Klapsmühle

Schwere.
Stumm im Raum
Schweben.

Im Nebel
Liegt alles
Unsichtbar.

Dumpf
Rauscht das Blut
Durchs taube Herz.

Sinn
Verliert sich
Im schrillen Geschrei.

Nur ein Tropfen
Hoffnung bleibt in einem Wort,
Gehört vor langer Zeit.

Nirwana war sein Klang
Und sein Sinn versprach
Ruhe im Geist.

Das Versprechen

Leere erstreben
Und sich erheben
Über alle Probleme.

Erhaben war
Der erhabene Buddha
Über alle Ängste.

Du willst frei sein
Von Leiden wie Angst,
Not und Kummer?

Wähle Buddhas Pfad
Und renne ganz
Schnell ins Nirwana.

Löse die Fesseln,
Die dich an diese kranke
Welt ketten.

Betrete eine bessere Welt,
Die wirklich hält, was sie verspricht:
Freiheit von allem Leid!

Nur innen

In weiter Ferne
Schwebt dein Traum
Und verspricht dir Glück,
Ruhm und Ehre.

Nirwana ist hier
Und jetzt. Einfach mittendrin.
Warum in die Ferne schweifen,
Wenn das höchste Glück so nah?

Ergreife nicht
Das Unerreichbare.
Das Nahe ist oft besser
Als die ferne Fata Morgana.

Wir leben und
Sehnen uns nach Glück.
Wir finden es nicht,
Weil wir am falschen Ort suchen.

Nirwana steckt in dir.
Du hast es noch nicht realisiert,
Weil du glaubst, das wahre Glück
Findest du in Äußerlichkeiten.

Erkenne die Tore

Nirwanas Tore sind geöffnet.
In allen Lebensläufen.
An allen Stellen Samsaras
Ist der Zugang zum Nirwana da.

Es gibt keinen Ort,
An dem es nicht möglich ist.
Überall wartet das Nirwana
Auf dein goldenes Herz.

Erkenne das wahre Wesen.
Lass die Anhaftung gehen.
Zerschneide den Nebel
Der Unwissenheit.

Acht Schritte zu gehen,
Ist nicht allzu schwer.
Aber Gewohnheiten loszulassen,
Ist sehr schwer.

Wir leiden, weil wir uns
An alte Bilder klammern,
Von denen wir denken,
Sie zu sein.
Der Wahrheitsblick heilt!

Der Eintrittspreis

Freiheit hat einen Preis
Und wer den Preis
Nicht bezahlt,
Fällt zurück ins Leid.

Weisheit ist die Währung.
Sie ist nicht nur Ehrung,
Sie ist hart wie Geld und
Verändert deine Welt.

Du willst frei sein
Und im Nirwana verweilen.
Dann zahle den Eintrittspreis
Fürs nirwansche Reich.

Karmisch rein
Und heil im Geist.
Buddha zahlte den Preis
Und erwachte in der Nachtwache.

Nirwana ist frei.
Es gibt keine größere Freiheit.
Nirwana wartet auf dich.
Entscheide dich:
Der achtfache Pfad
Ist der Eintrittspreis.

Ohnmächtig

Ohnmacht
Ist die einzige Macht,
Die uns Samsara
Gewährt.

Das Leiden ist stark,
Aber wir können es besiegen
Und in Frieden
Im Nirwana leben.

Zwei Seiten,
Aber es sind nicht
Die zwei Seiten
Einer Medaille.

Samsara und Nirwana
Sind grundverschieden.
Kein Stein,
Der dem anderen gleicht.

Willst du in Ohnmacht
Oder in Freiheit leben?
Wähle deinen Weg und
Sprich mit dem Herzen.

Sieh tief

Wir glauben
Unseren Augen
Mehr als der Reflexion
Unseres Geistes.
Leugne es nicht!
So sind wir Menschen.

Wir wissen ganz genau,
Wie oberflächlich das ist.
Wir wissen auch, dass wahre Intelligenz
Höher ist als naive Realität.
Wir wissen das, aber handeln anders.

Weise sehen,
Weil sie das Nirwana verstehen.
Ihr Geist führt ihren Blick,
Der erleuchtet ist.

Sieh das Nirwana
Durch alle Dinge strahlen.
Alle Dinge sind Samsara,
Doch sie werden wahrer,
Wenn das Samsara verweht
Und das Nirwana realisiert.

Sieh tiefer
Als alle Augen!

Nibbana

Die Leere ist
Und sie sprengt die Ketten
Des Kerkermeisters.

Ich, Ich und wieder Ich.
Mehr spricht nicht
Mit dir.
Aber was ist, wenn das Ich
Nur eine Illusion ist?

Bedeutet es, du bist nichts,
Wenn das Ich nicht ist?
Das heißt es nicht.
Es heißt, du lebst eine Lüge,
Die wir Samsara nennen.
Aber es gibt eine Wahrheit.
Sie ist das wahre Sein.
Buddha nannte sie Nibbana.

Neu und wunderbar,
Weil es immer so war.
Das werden Berge und Täler sein,
Wenn du ihr wahres Wesen siehst.

Gleich und anders

Sah er,
Was wir sehen?
Nein; er sah
Mit erwachten Augen.

Verstand er,
Wie wir verstehen?
Nein, sein Geist
War erwacht
In der dreifachen Nachtwache.

Er war so anders als wir
Und er war wie wir,
Als er seiner Mutter entstieg.
Wie der große Sieger
Hat er sich über die Krone
Der ganzen Welt erhoben.

Nirwana war sein Sein,
So hat er es uns verkündet.
Nirwana ist das Ziel
Seiner tiefgründigen Lehre.
Wer das Nirwana will,
Muss seine Schritte anhand
Der achtfachen Linie setzen.

Geläster

Freunde fielen
Der Lüge zum Opfer.
Es war in meiner Sangha
Und ich floh für viele Jahre.

Jahre übte ich
In einer anderen Sangha.
Meine Ex verbreitete die Lügen,
Die mein Herz betrübten
Und Menschen, die mich kannten,
Entfremdeten.

Am Ende ist das Geschwätz;
Und die Erhabenheit des Buddhas
Meint die Erhabenheit
Über diese weltlichen Dinge.
Nirwana hat er gelebt
Und dieses Geläster
Ihn nicht mehr bewegt.

Manchmal sehe ich sie
Und es schmerzt noch immer.
Aber Buddha ist mein Vorbild
Und ich folge ihm
Bis ins Nirwana.

Mittendrin

Nirwana.
Unaussprechliche Wahrheit.
Alles, was uns bleibt,
Ist das Beispiel Buddhas.

Weil er bewies
Mit der Existenz seines Lebens,
Weiß ich,
Dass es funktioniert.

Nirwana heilt
Alles Leid.
Aber Nirwana ist nicht weit
Entfernt wie ein Himmel.

Nirwana ist
Hier und jetzt.
Nirwana findet
Mitten im Leben statt.

Nirwana mitten
Im Leben realisieren.
Nirwana ist das Ziel
Aller echten Buddhisten.

Leere Straßen

Leere Wege.
Freie Gedanken.
Grenzenloses Potenzial.

Die Fülle der Fülle
Reicht nicht an die Fülle
Der Leerheit.

Leer heißt leer
Von Inhärenz.
Wenn wir alle leer sind,
Hören wir auf zu kämpfen.

Leere Augen schauen
Durch die Schleier
Des Grauens.

Leere Herzen
Erfassen den Wert
Jeden Wesens.

Leer ist mehr
Als der Ozean Samsaras.
Leer ist das Herz
Frei von allem Leid.

Die Gemeinschaft der Sinnsuchenden

Die Augen sehen
Und die Ohren hören.
Das ist die Welt
Der Weltlinge.

Die Welt der Sinnsucher
Ist von anderer Art.
Sie sehen mit ihrem Geist
Und hören mit ihrer Intuition.

Wer nach dem Höchsten sucht,
Wird Nirwana finden.
Wer das Reinste will,
Den wird es zum Nirvana führen.

Reine Leere
Ist Buddhas Lehre.
Nicht nichts,
Mehr als alle Fülle.

Wenn das Herz sieht
Und der Verstand hört,
Beginnst du, Teil
Einer anderen Welt zu werden.

Klangzauber

Er lächelte.
Nirwana ließ ihn lächeln.
Endlich hatte er gefunden,
Warum er sein Haus
Verlassen hatte.

Siddhartha fand,
Was keiner seiner Mitmenschen fand:
Er fand das Nirwana,
Das frei von allem Leid.

Frei von allem Leid.
Endlose Glückseligkeit.
Die Stadt des Paradieses.

Weil er lächelte,
Verstehen wir, was jenseits
Der Worte gesprochen wird.
Nirwana ist wortlos.
Tausende Gedichte will ich schreiben,
Um das Nirwana zu preisen.

Selbst singen will ich,
Um das Nirwana erklingen
Zu lassen.

Tränen und Blut

Die Lehre der Leere
Versetzt Maras Heere
In helle Aufruhr.
Ihr Wesen durchleuchtet
Bis auf den Grund.

Was bleibt von der Lüge,
Wenn die Wahrheit scheint?

Tränen eines Ozeans.
Blut wie Lavaströme.
Gedanken wie ein Tornado.
Chaos pur rund um die Uhr.

Still.
Nur einen Moment Stille.
Absoluter Frieden.
Ungetrübt und ohne
Bedingungen.

Reines Nirwana.
Wahres Nirwana.
Tausend Pfade,
Aber sie gehen alle in die Irre.
Ein Pfad, der aus Acht gemacht,
Führt heim ins Nirwana.

Reinigung

Rein.
Nirwana.
Kein Leid.
Kein Karma.

Genug.
Lebenslügen.
Ewiger Betrug.
Kreis der Wiedergeburten.

Nirwana.
Frage Buddha!
Warte ab.
Die Antwort kommt.

Dein Wunsch
Wird manifest.
Dein Manifest
Ist dein leeres Ich.

Weit.
Unendlichkeit.
Reinheit.
Nirwana.

Sitzen oder schwitzen

Lange Schlangen
Vor den Sexclubs
Und Glücksspielhallen.
Aber die Meditationskurse
Sind leer
Selbst bei hunderten Teilnehmern.

Fällst du noch auf die Lügen
Der Glitzerwelt rein
Oder bist du schon erwacht
In den Strömen Nirwanas?

Ein Sog
Aus Sex und Geld.
Das Glitzern
Der Diamanten.
Die Hoffnung
Im Glücksspiel.

Ich sitze ganz ruhig.
Mein Atem fließt und
Ich finde mich.

Echt jetzt?

Gerettet?
Du bist gerettet,
Wenn der Buddha
In dir erwacht.

Frei?
Du bist frei,
Wenn du von allem Leid
Geheilt bist.

Leben?
Ja, es ist dein Leben.
Aber was für ein Leben
Ist es, wenn dich Gier und Hass
Pausenlos manipulieren.

Erlösung?
Ja, es gibt eine Erlösung
Von allen Ängsten, Sorgen,
Problemen und Nöten.
Diese Erlösung ist Nirwana.
Es ist das Ziel des Dharmas.

Hektik und Stress

Hektik in der Masse.
Stress in der Schlange.
Die Werte der Welt
Kriechen in unseren Geist
Und fressen uns auf.

Wertvolles Nirwana.
Einsames Nirwana.
Ganz in dir ruhst du
Und die Masse berührt dich nicht.
Ganz in dir bist du gesammelt
Und die Welt berührt dich nicht.

Freie Gedanken
Und reine Atemzüge.
Die Welt in dir steht still,
Obwohl die Welt
Außerhalb im Chaos versinkt.

Der innere Frieden
Ist kein unerreichbarer Traum.
Der Dharma macht es möglich.

Der friedliche Garten

Finde Frieden
Und lass deine Anhaftung
Ziehen.

Lass los
Und dein neues Los
Wird Freiheit sein.

Inneres Glück
Kriegst du zurück,
Wenn du Nirwana bist.

Lächele am Tag,
Wenn es hell ist
Und lächele in der Nacht.

Unbewusst
Fällst du in den Abgrund.
Sei achtsam und bewusst.

Nirwana wartet
Und reicht dir die Hand.
Nimm sie an!

Der heilige Pfad

Reise durch die Zeit
Mit der Göttlichkeit
Eines höheren Wesens.
Erlebe die Endlosigkeit
Des Seins und begreife,
Wie Leid alles umschließt.

Es gibt Rettung
Und es gibt Befreiung.
Es gibt ein Erwachen
Im heiligen Nirwana.

Wer wahrhaft sucht,
Wird wahrhaft finden.
Wer nichts findet,
Der suchte nicht aufrichtig genug.

Der achtfache Pfad
Erstrahlt in heller Pracht.
Er ist ein Zeichen
Und er führt zur Befreiung.

Lebe frei von Leid
Bis zum letzten Atemzug.
So wie es unser Buddha tat.
Es sei ihm gedankt
Für die Offenbarung des Pfades.

Der Ausweg

Es gibt einen Ausweg.
Auf diesem Weg
Beendest du alles Leid
Und wirst vollkommen frei.

Worauf wartest du?
Nirwana ist die große Ruhe.
Weder Stress noch Hektik
Oder ewige Angst gibt es noch.

Nirwana ist der Frieden,
Nachdem wir uns alle sehnen.
Nirwana ist das Leben.
Das hat Buddha bewiesen.

Nirwana ist das Glück.
Denn niemand will zurück,
Wenn er einmal frei ist
Vom Leid für alle Zeit.

Geh ins Nirwana
Und werde ein wahrer
Vollender des Achtfachen
Und lächele wahrhaft.

Glauben

Erst glauben.
Dann aufbauen,
Verwirklichen und
Schließlich erwachen.

Die Ruhe Nirwanas
Überstrahlt alle Sonnen.
Die Reinheit des Erwachens
Verändert alles.
Der Weg des Lebens
Könnte nicht besser sein.

Achtfacher Pfad.
Erwachte Macht.
Reines Nirwana
Im Hier und Jetzt.

Keine Grenze
Befindet sich jenseits Samsaras.
Grenzenlose Flüsse.
Unendliches Bewusstsein
Und niemals endender Raum.
Nirwana strahlt
Und mein Herz malt
Buddhas Namen.

Der finale Kuss

Räume. Träume.
Leere. Stille.
Träume verwehen,
Wenn Wunschlosigkeit entsteht.

Wenn das höchste Glück
Manifestiert ist,
Bleibt kein Wunsch zurück.
Alles fließt frei und
Reinheit heilt.

Die Kunst des Nirwanas
Ist gelöstes Karma.
Die nackte Glut
Des nirwanschen Mutes.

Ein letzter Kuss
Der Verblendung,
Dann verschwinden
Maras Bilder.

Es bleibt Leerheit
Hinter allem Schein.
Dein erwachtes Lächeln
Hat die Welt verstanden.

Die Länge der Ewigkeiten

Nirwanas Pfad.
Erwachter Tag.
Erleuchtetes Leben.
Völliges verwehen.

Wer einst
Mit Langlebensgöttern flog,
Dem ist die Welt genug.
Die Lebensspanne eines Universums
Ist neben ihnen ein Staubkorn.

Wer blickt
Durch die Geburten?
Wer sieht den Kreis
Der Wiedergeburten?
Erkennt, was wahrhaft ist
Und wieso es die Tode der Weltlinge
Gar nicht gibt.

Erhaben.
Im Nirwana.
Reiner Atem.
Heiliges Lächeln.

Nie wieder Krieg

Nie wieder Krieg;
Rufen sie.
Keiner will den Krieg,
Aber er siegt immer wieder.

Warum kommt der Krieg
Immer zurück?
Warum zerstört der Krieg
Immer unser Glück?

Der Grund ist:
Wir sind verblendet.
Wir wollen das eine
Und begreifen nicht,
Wie wir mit dem, was wir tun,
Dem Gegenteil entgegenstreben.

Nirwana ist die Basis
Für den totalen Frieden.
Ein Buddhafeld ist die Grundlage
Für einen stabilen Frieden.

Wähle Krieg oder Frieden?
Aber begreife deine Wahl
Hat nichts mit deinen Wünschen,
Sondern mit deinen Taten zu tun.

Sariputta und Moggallana

Freunde im Dharma
Sind wahre Freunde.
Wahre Werte verbinden.
Falsche Werte trennen.

Gibt es eine größere Wahrheit
Auf Erden als das Nirwana?

Meine Antwort kennt ihr.
Aber wir sind hier wegen dir:
Wie glücklich bist du
In deinen Beziehungen?

Die meisten in unserer Zeit
Sind sehr unzufrieden
Mit ihren Beziehungen.
Sie verlieren sich und
Am Ende sprengen sie alle
Verbindungen.

Sind sie schuld oder die Menschen,
An die sie sich binden? Nein!

Grund sind die Werte,
Die sie wählten.
Grund ist die Kultur,
An die sie sich banden.

Wähle den Dharma.
Er ist wahr und führt
Ins Nirwana.
Die Freundschaft zwischen Ananda
Und Buddha sei dir der Leitstern.

Erhabener

Es herrscht
Geld und Gier
Und nicht das Herz.

Angst macht
Die Gier stark.
Die Menschen fürchten,
Alles zu verlieren.
Darum lassen sie sich
Von der Gier verführen.

Erhaben wacht
Ein alter Mann.
Siddhattha war sein Name
In den Lippen seiner Familie.
Die Welt kennt ihn
Als Buddha.

Erhaben ist er
Über Gier und Hass.
Er hat alle Verblendungen
Vertrieben und weilt rein
Im Nirwana.

Folge der Welt oder Buddha.
Du musst dich entscheiden!

Wille

Was Nirwana will,
Frage nicht.
Leer ist der Wille
In den Kindern Nirwanas.

Sie leben und atmen
Und gehen Samma Ajiva nach.
Aber rein ist alles,
Nicht gebunden an Bedingungen.

Wollen tun die Gierigen.
Die Tathagatas sind.
Wollen tun die Hassenden.
Die Tathagatas sind.
Selbst die Bodhisattvas wollen noch.
Vor ihnen liegen noch
Die finalen Schritte.

Was du willst,
Mach dir klar.
Aber mach dir auch klar,
Der Buddha hatte alles,
Was er wollte.
Was sollte jemand wollen,
Der alles hat, was er jemals wollte?

Frei fließt der Strom.
Du betrittst ihn.
Am Ende des Stroms
Erwartet dich das Erwachen.

Lebenswert

Freies Herz
Mit wahrem Wert.
Lebenswert
Ohne Schmerz.

Nirwana heilt,
Das musst du
Begreifen.
Nirwana befreit
Von allem Leid
Für alle Zeit.

Leer im Herz
Mit Fülle.
Sinn im Geist
Mit Weisheit.

Das Nirwana ist
Und es ist herrlich.
Das Nirwana war
Buddhas Alltag.
Das Nirwana bleibt,
Wo Dharma erscheint.
Nimm das Nirwana an
Und erkenne das Wahre.

Nirwanas Tore

Nirwanas Pfad
Heißt Dharma.
Buddha ist der Beweis
Des Nirwanas.

Es geht,
Dass man verweht
Und lebt
Frei von Leid.

Sei gescheit
Und befreie
Deine Welt
Von allem Leid.

Nirwanas Tore
Öffnen sich.
Der Lehre Licht
Trifft dich.

Nutze die Chance
Und verwandel dich
In ein Buddhakind,
Das Befreiung findet.

Das Los

Nirwanas Schoß
Soll mein Los
In diesem oder dem
Nächsten Leben sein.

Ich will nicht mehr leiden.
Ich will frei sein.
Frei zu sein von allem Leid
Ist ein Merkmal Nirwanas.

Frei von Leid und
Geheilt in Körper und Geist.
Wir sind frei,
Wenn wir nirwanisch verweilen.

Der achtfache Pfad
Hat als einziger die Macht,
Uns dem Nirwana
nahezubringen.

Heilsames Tun und
Tiefes Verstehen
Sind die Werkzeuge,
Die Nirwana schmieden.

Befreite Menschheit

Freie Menschen,
Die sich lieben,
Statt gegeneinander
Zu kämpfen.
Das bewirkt das Nirwana!
Denn es reinigt das Karma
Und zerstört allen Hass.

Hass ist die Macht
Auf Erden, die
Das Leiden erschafft.
Hass ist nicht allein.
Gier und Verblendung
Reihen sich ein.
Diese Drei sind die
Feinde der freien Erde.

Nirwana befreit
Von Gier und Hass.
Nirwana erhebt
Die Menschheit.
Nirwana führt
Uns ins Paradies.

Freie Menschen,
Die sich helfen
Und offene Herzen
Füreinander haben.

Gleichmütige Atemzüge

Hell und dunkel.
Ein Spiel der Seiten.
Samsaras Wandel
Spült das Untere nach oben.

Das Pendel schwingt
Nach links und rechts.
Ob du aufsteigst oder fällst,
Weißt du erst,
Wenn es geschieht.

Ruhig und still
Sitzt der Übende.
Er führt den Atem
Ein und aus und
Sammelt sich.

Wenn Gleichmut entsteht,
Wird er zum Schiff,
Dessen Hafen
Das Nirwana ist.

Wenn der Atem
Gesammelt fließt
Und man achtfach übt,
Früher oder später
Jeder Nirwana realisiert.

Rückblicke

Himmel fallen.
Planeten bersten.
Sonnen implodieren,
Selbst schwarze Löcher enden.
Aber Nirwana steht still
Selbst nach dem Ende
Dieses Universums.

Wir sitzen am Strand
Des Weltenmeeres.
Wir besteigen den Berg
Der Erkenntnis.
Wir finden uns nicht,
Wenn wir uns
In der Welt verlieren.

Die Träume eines Mädchens.
Der Mut eines Jünglings.
Die Großmutter blickt zurück.
Sie lächelt, aber versteht,
Dass es eine tiefere Ebene gibt.
Der junge Mann ward ein Abenteurer,
Aber das wahre Abenteuer ist der Sieg
Im eigenen Herzen.

Sieh tiefer und berühre
Das Nirwana.
Übe fleißig und vollende
Den achtfachen Dharma.

Samma Ditthi

Ohren hören,
Aber verstehen nicht.
Augen sehen,
Aber erkennen nicht.
Aber die Krönung der Dummheit
Ist ein Geist,
Der an Inhärenz festhält.

Diese Welt ist,
Und sie ist, wie sie ist
Und wandelt sich pausenlos.
Aber wie sie erscheint,
Ist nicht ihr Sein.

Sieh hinter das Offensichtliche,
Bis du Nirwana erkennst.
Erkenne das Unaussprechliche,
Bis du Nirwana verstehst.
Reinige deine Gedanken,
Bis sie Nirwana erfassen.

Der Pfad bleibt achtfach,
Aber ist nicht einfach.

Der Götter Wissen

Auch die Götter wissen
Um das Gewissen des Buddhas.
Er zog aus, um einen Ausweg
Aus allem Leiden für alle Wesen
Zu finden: Er fand Nirwana.

Nirwana löst das Leid.
Wer Nirwana erreicht,
Dessen Leid ist unumkehrbar
Für immer verschwunden.

Nirwana ist rein.
Nirwana ist frei.
Freiheit von Leid ist
Die höchste Glückseligkeit.

Sieh ins Spiegelbild.
Berühre das Glas.
Frage dich endlich,
Wie lange du noch leiden willst?

Der achtfache Pfad
Führt aus dem Leid.
Der achtfache Pfad
Führt ins Nirwana.

Die Freiheit im Nirwana

Freiheit
Hat keinen Preis.
Aber alles in Samsara
Kostet.

Freiheit
Ist ein Teil Nirwanas.
Wahre Freiheit
Beinhaltet die Freiheit
Von Leid.

Da ist kein Leid
Im Nirwana.
Aber da ist Leben
Im Nirwana.
Leben, ohne zu leiden,
Heißt Nirwana.

Lebe frei
Und sei glücklich.
Das war der Wunsch
Unseres Gurus Buddha.

Lebe rein
Im Herzen
Und vergib dir
Und den anderen.

Annehmen

Nimm das Nirwana,
Indem du dein Karma
Loslässt.

Frei ist das Herz
Und fliegt in die
Reinheit.

Leben vergehen
Und an anderer Stelle
Entsteht.

Der Kreislauf
Hat einen Preis:
Es ist Leid.

Lebe heil,
Indem du fühlst, was in
Anderen vorgeht.

Betrachte Nirwana
Als dein wahres
Zuhause.

Jeden Morgen

Sorgen morden
Mein Glück
Am Morgen.

Probleme weben
Die Fehler
In meinem Streben.

Ach, was träum ich
Von dem Licht
Nirwanas.

Denn Nirwana heilt
Und befreit von
Sorg und Leid.

Wäre es nicht schön,
Würden meine Sorgen
Endlich aufhören?

Aber sie quälen
Mein inneres Wesen
Bei Tag und Nacht.

Der Fels

Nirwana wankt nicht
Und ich danke dafür,
Etwas zu finden,
Das sich nicht im Wind biegt
Wie die Meinungen der Politik.

Nirwana ist stabil.
Einem Fels in der Brandung gleich
Erreicht das Nirwana
Dein innerstes Heim
Und schützt dich.

Nirwana übersteigt den Meru.
Die alten Felsen gelten
Als die schärfsten Kanten,
Aber die Schärfe der Jünger
Ist unerreicht.

Nirwanas Liebe
Will uns befrieden.
Denn wo die vierfache Liebe lebt,
Gebiert sie Hoffnung
Und öffnet den Pfad der Erlösung.

In der Rille

Leere Wege
Im Gehege
Des Zengartens.

Wir warten
Und warten
Vergebens.

Andere sind
Einfach nur so
Und froh.

Todesmut
In der Glut
Der Wut.

Oder Stille
Wie eine Rille
Zwischen dem Stress.

Ein neuer Tag.
Ein alter Pfad.
Achtfach.

Nirwanas Glück
Verzückt dein karmisches
Gegenstück.

Entgärt

Es gärt
Im Herz.
Es nährt
Die Sucht
Und führt zu
Frust.

Anziehen.
Abstoßen.
Gier und Hass.
Das ganze Leben.

Aufstieg oder
Wieder fallen.
Immer lachen,
Bis man weint.
Der ewige Kreis
Samsaras.

Loslassen
Vom Gieren und Hassen.
Frei sein
Vom Kreisen.
Im Nirwana weilen
Und heil sein.

Antagonisten

Leere auf
Den Wegen Nirwanas.
Fülle des reinsten Glücks
Im Hafen der Buddhas.

Die Reinheit und
Die Verdorbenheit.
Das Scheinen und
Das wahre Sein.

Wie Gegenspieler
Erscheinen sie.
Aber Nirwana ist mehr
Als nur ein Gegenbild.

Wähle nicht, sondern
Entscheide dich.
Das Licht der Lehre
Kann dich erheben.

Erhaben über
Alles Leid.
Völlig frei und
Absolut weise.

Weltflucht

Frieden im Geist.
Nirwana im Herzen.
Das ist mein Traum.

Ich schaue auf
Diese kranke Welt,
Die von Habgier
Getrieben wird.

Ich erschrecke
Am Elend des Hasses.
Abgetrennte Glieder.
Erschlagene Leiber.
Die Leichenacker.

Ich fliehe vor der Welt
Und verzichte auf Ruhm,
Geld und Sex.
Kahl rasiere ich mein Haupt.
Orange strahlt mein Leib.
Frei atme ich ein.
Leer fließt der Atem aus.

Die Tage gezählt.
Der Wandel gekrönt.
Nirwana gefunden.

Nirwanas Samen

Nirwanas Ware
Ist wahre Leere.

Nirwanas Macht
Besitzt heilende Kraft.

Nirwanas Tore
Sind erwachte Ohren.

Nirwanas Welt
Braucht kein Geld.

Nirwanas Weg
Wird dich erheben.

Nirwanas Gabe
Ist erlöstes Karma.

Nirwanas Wunder
Sind die Buddhas.

Nirwanas Los
Ist der heiligste Hort.

Das Drachenauge

Ein Drachenauge erscheint
Im Dickicht des Geistes.
Die Macht des Drachen
Kann die Wände der Realität
Mit seinen Krallen einreißen.

Am Himmel spenden
Die weiten Schwingen Schatten.
Aber sein Auge brennt
Und ermahnt mich.

Das Alltagsbewusstsein verwischt,
Was in der Zwischenwelt real ist.
Mahnende Macht
Mit heiliger Kraft.

Der Dharmapala erklingt.
Er singt Nirwanas Lied.
Freiheit und Heilung
Mit jedem Flügelschlag.

Drachen und Dämonen
Haben geschworen,
Den Dharma zu schützen
Und dem Nirwana zu nützen.

Der erleuchtete Garten

Leere im Herzen
Und Fülle auf der Zunge.
Die Lehre sprießt
Wie die Lotosblüten.

Der alte Baum
Des großen Schauens
Wächst in den Herzen
Der kahlrasierten Jünger.

Sie fliegt
Wie ein Schmetterling
Auf der Dharmawolke
Im lila Schleier.

Eine blinde Schildkröte
Im endlosen Ozean.
Dein Spiegelbild lässt
Dein Herz schneller schlagen.

Ein Rudel Wölfe jault.
Das Grauen hört auf.
Nirwana erblüht im Herz
Wahrer Bodhisattvas.

Heiligenschau

Heil sein.
Frei sein.
Nirwana.

Wunschlos glücklich.
Hundert Prozent ehrlich.
Nirwana.

Es ist so leicht.
Es war so leicht.
Es bleibt so leicht,
Das perfekte Leben zu führen:
Nirwana.

Rein und frei.
Heil und ohne Leid.
Nirwana.

Keine Brücke
Zwischen Nirwana
Und Samsara.
Ein achtfacher Pfad.

Heilige sehen,
Was das Leiden entstehen
Lässt und sie sehen,
Wie das Leiden endet.

Der Rettungsarzt

Rettung naht:
Buddha-Arzt ist da!
Seine Medizin führt
Direkt ins Nirwana.

Loslassen
Von Stress und Hektik.
Innerlich Ruhe finden.
Das ist leichter,
Als du denkst.

Loslassen
Von allem Leiden
Ist keine tote Fantasie.
Es ist knallharte Realität,
Die uns Buddha bewies.

Rettung ist in Sicht
In Buddhas Licht.
Er eilt mit seiner Lehre,
Um dich zu heilen.
Sei bereit und folge
Den Anweisungen des Dharma-Arztes.

Rettung von allem Leiden
Oder nur von den kleinen Problemen,
Die einen im Alltag quälen.

Heldentode

Leben in der Welt
Ohne die Welt.
Frei sein von
Der Leidenswelt.

Helden sterben
Und ihre Erben
Erlernen Gewalt, ohne zu begreifen,
Dass Gewalt der Weg ins Leiden ist.

Wir streben nach Reichtum.
Wir denken, es tut uns gut.
Wir übersehen die wahren Werte,
Die mehr Wert bringen.

Leben ohne Grenzen
Im Grenzenlosen.
Voll bewusst atmen
Im grenzenlosen Bewusstsein.

Jenseits des Raumbereichs.
Jenseits der Feinstofflichkeit.
Es gibt das Reich Nirwanas:
Genau hier und jetzt.

Wahre Seher

Das Leben endet.
Ein neues Leben beginnt.
Der Weltling sieht nicht,
Wie lange er schon lebt.

Nicht einmal den Moment
Der Geburt sehen wir.
Wir vergessen die ersten
Augenblicke einfach.

Vergesslich wie ein Sieb,
Sehen wir nicht, wie wir
Immer wieder in dieselben
Fallen tappen.

Daraus wird ein Kreis
Immer wiederkehrenden Leids.
Wir machen dieselben Sachen
Und leiden auf dieselbe Art.

Blinde tun dieselbe Dummheit
Immer wieder und wundern sich.
Nirwana bedeutet Einsicht,
Weil man erkennt, wie sich alles
Ständig wiederholt.

Begebenheiten

Grenzenlose Freiheit,
Davon träumen wir alle,
Aber nur Nirwana
Kann es gewähren.

Wahren Frieden
Wünschen sich die Menschen.
Mit dem Nirwana kann
Es wahr werden.

Der Fluss des reinsten Glücks
Ist ein schöner Traum.
Mit dem Nirwana wird er
Zu deinem Lebensraum.

Ein Leben völlig frei
Von allem Leid.
Das versprach der Buddha
Mit dem Nirwana.

Die tiefsten Erkenntnisse und die
Enthüllung aller Geheimnisse
Geschieht auf dem Weg
Ins Nirwana.

Überflieger

Fliegen
Mit erwachten
Herzen.

Fern
Der Welt
Im Hier und Jetzt.

Sie logen
Und wir flogen
Einfach davon.

Dem Nirwana
Zum Dank fanden wir
Das gelobte Land.

Wir landeten
Und verbrachten
Jeden Tag lächelnd.

Fliege
Ins Paradies,
Das uns Buddha verhieß.

Nirwanas Glanz

Die Schöpfung krönt sich selbst,
Weil das Nirwana erhaben ist
Über Ruhm und Ehre.

Leiden sind die Bausteine
Der gesamten Schöpfung.
Nirwana ist leidensfrei.

Der Ruf der Welt verhallt
Im Wall aus dem Weinkrampf,
Während Nirwana ruht.

Die Welt endet
Mit jeder Lebenswende.
Nirwana überstrahlt alles.

Die Armut der Menschen
Endet in mörderischen Kämpfen.
Nirwana ist purer Reichtum.

Alle wollen mehr und
Verkaufen sich unter Wert.
Nirwanas Leere erhebt.

Buddhas Weg lebt
Und du kannst ihn gehen
Und das Nirwana finden.

Göttliches Nirwana

Die Göttin verweht
Und nutzt ihr letztes Leben,
Um die Wesen auch
Ins Nirwana zu führen.

Ihr ganzes Streben gilt
Den irdischen Wesen,
Damit sie erkennen,
Was unbegrenzt.

Sie sendet Zeichen,
Um die Weisen anzuleiten,
Damit sie ihren Mitmenschen
Zeigen, nicht mehr zu kämpfen.

Das Nirwana ist klar
Und der Göttin Pfad
Ist das Symbol
Des reinsten Lohns.

Heil geworden.
Keinerlei Morden mehr.
Die Menschheit dankt
Der Göttin Kraft.

Wahrheitsblick

Das Auge in der Welt
Sieht dich.
Vor dir zerfällt
Dein Stolz und Hochmut.

Du bist gläsern für ihn.
Er kann bis auf deinen
Grund sehen.
Alle Geheimnisse liegen bar.
Aber das Wahre
Ist nur sein, solange du blind bist
Für das, was wirklich ist.

Nirwana strahlt
Auf allen Pfaden.
Nirwana steht,
Wenn alles vergeht.
Nirwana lebt,
Egal, was Mara erzählt.

Buddhas Auge sieht
Alles, was in dir
Vor sich geht.
Wann siehst du dich
So, wie du wirklich bist?

Höchster Reichtum

Nirwana schreit nicht,
Aber es ist immer bereit,
Dich ins Paradies zu führen.

Nirwana propagiert nicht,
Aber es strahlt als Licht
Der großen Befreiung.

Nirwana ist leer
Und zeitgleich viel mehr
Als das ganze Samsara.

Nirwana ist reich
Und hat doch weit
Und breit kein Geld.

Nirwana ist hell,
Aber auch in der Dunkelheit
Ist es zu erreichen.

Nirwana ist das Ziel
Für alle, die müde sind
Zu leiden.

Nirwana wartet auf dich!

Nirwana ist nah
Und Nirwana ist fern.
Aber vor allem:
Nirwana wartet
Im Herzen.

Was wir in der Welt suchen,
Wird nie erfüllen,
Was wir uns wünschen.
Die Dinge scheinen,
Aber sie sind anders,
Als sie erscheinen.

Nichts ist,
Wie es scheint.
Alles ist anders
Unter der Oberfläche.
Vor allem ist alles
Vergänglich.

Nirwana wartet
Auf die reinen Herzen.
Nirwana zeigt den Weg
Aus den Schmerzen.

Urgewalt

Worauf hoffen,
Wenn alles vergänglich ist?
Woran glauben,
Wenn allem
Die Inhärenz fehlt?

Es dreht sich im Kreis
Und leidet.
Nicht weit und
Alles fällt entzwei.

Aber Halt:
Eine alte Urgewalt
Ist anders und voller Glück.
Es ist Nirwana
Und Nirwana verzückt.

Tiefer Frieden
Und höchste Erkenntnis.
Die totale Wahrheit
Und das reine Glück.

Nirwana bleibt
Als Chance.
Nirwana scheint
Vollkommen erhaben
Über allem.

Die Dinge

Die lange Liste an Dingen,
Die wir wollen, wird
Mit jedem Ding, das wir kriegen,
Länger. Die Gier ist unersättlich.

Die Dinge,
Von denen wir glauben,
Dass sie uns glücklich machen,
Haben gar nicht die Macht,
Uns glücklich zu machen.

Die Dinge
Sind ohne Ende.
Wir können konsumieren
Und werden nie das Ziel
Zu sehen kriegen.

Dinge
Sind nur Dinge;
Auch die Menschen,
Die wir nur konsumieren
Und zu unserem Spaß benutzen,
Werden zu Dingen,
Die uns nur befriedigen
Sollen.

Den Dingen wohnt das Leid inne.
Die Dinge sind
Von Natur aus vergänglich.
Kein Ding ist Nirwana.
Wahr ist Nirwana.

Im Traum

Ein Bild in meinem Traum
Ließ mich schauen.
Ich sah Geheimnisse
Und fand alte Weisheiten.

Ich suchte im Traum
Nach den Lehren
Meines Gurus Buddha
Im tiefen Vertrauen.

Jetzt sitze ich hier
In tiefer Harmonie
Und wünschte, jeder Traum
Wäre von dieser Art.

Wäre alle meine Träume
Dem Studium gewidmet,
Wäre ich bald sicher,
Das Erwachen zu finden.

Wenn ich Tag und Nacht übe,
Verfliegt die Verblendung
Und das klare Licht erscheint,
Das mich ins Nirwana führt.

Tränen im Wind

Tränen verwehen
Und Ozeane trocknen aus,
Aber Karma bleibt,
Egal, wie groß das Leiden ist.

Wer verlischt,
Der oder die erwacht.
Wer erwacht ist, sieht,
Was wirklich ist.
Es gibt kein Leid
Im erwachten Geist.

Wir tanzen
Am Rand des Abgrunds.
Hass wütet und
Gier brütet neue Süchte aus.

Wir wollen haben
Und zerschlagen.
Wir wollen besitzen
Und andere aufschlitzen.
Ewig geht dieser Kreis,
Der Samsara heißt.
Aber es gibt einen Ausweg,
Den wir Nirwana tauften.

Der Fluss

Wir leben in vollen Zügen,
Aber das Leben nimmt
Uns alles.

Wir betrügen
Uns selbst, wenn wir glauben,
Wir könnten Samsara
Vertrauen.

Nur Nirwana
Ist das Wahre und
Vertrauenswert.

Wenn wir leben
Und nach dem Nirwana
Streben.

Wir atmen
Im vollen und gesammelten
Bewusstsein.

Dann fließen wir,
Wie einst Shakyamuni
Floss.

Träumer

Wir träumen
Und tanzen
In wilden Schäumen.

Wie Seifenblasen
Platzen unsere Fantasmen
Und offenbaren nacktes
Entsetzen.

Der Lohn
Jeder Illusion
Ist Frustration.

Mich, mein und ich.
Wilde Turbulenzen
Und Ränke.

Zweifel hat Konjunktur,
Genau wie der Hochmut.

Wenn wir erwachen,
Wird uns die Macht
Des Nirwanas anstrahlen.

Immer weiter

Aufgeben?
Niemals!
Nicht in diesem,
Noch im nächsten Leben.

Nirwana wartet,
Wenn nicht jetzt,
Dann bald,
Aber es muss da sein;
Irgendwie, irgendwann.

Ich glaube
Und habe Vertrauen
Auf Buddha und
Seine Lehre.

Ich will
Die Befreiung
Und die Erleuchtung.
Denn es gibt nichts
Höheres zu erreichen.

Bis zum Nirwana!
Ihm entgegenrennen
Und wenn ich nicht rennen kann,
Dann laufe ich oder ich krieche,
Wenn es nicht anders geht:
Hauptsache dem Nirwana entgegen
Mit allem Streben und jedem Atemzug.

Glaube nicht. Erkenne!

Ein Tautropfen
Der Erleuchtung.
Der erste Blick
Durch den Sumpf Samsaras
In das wahre Nirwana.

Glaube nicht.
Erkenne dich.
Vertraue nicht blind.
Denn blind sind die,
Die tief fallen.

Sieh das Licht
Der Worte,
Die befreien.
Erkenne das Leuchten
Der Wahrheit,
Wenn es das Leid heilt.

Leide oder
Kehre heim
Ins Nirwana.

Weine oder
Dreh dich um
Zur Wahrheit.

Schreie oder
Verneige dein Haupt im Dank
Für Buddhas Lehre.

Die vier Heiligen

Bedingungslos.
Ohne Grund.
Völlig frei.
Gelöst ist alles Karma.

Leer und
Endlos wie ein Meer.
Der Wahrheitsblick
Durchleuchtet dich.

Losgelassen
Sind nicht nur alles Hassen
Und Gieren, auch der Nebel
Der Verblendung ist verweht.

Das Los
Des Stromeintritts
Findet seinen Weg
In kommenden Leben.

Die Stufen
Zum Erwachen
Sind wie Treppen
Zum Nibbana.

Die höchste Gnade

Versenke dich
In Bücher und Filme
Oder mediale Ideale
Und du wandelst auf dem Pfade
Des Samsaras.

Samsara ist die Wandelwelt,
In der alles unbeständig ist
Und Unbeständigkeit führt
Immerzu zu Leid.

Versenke dich
In die Lehre der Buddhas
Oder strebe danach, das Ideal
Der Bodhisattvas zu verwirklichen
Und du wirst Nirwana erleben
In diesem oder dem nächsten Leben.

Nirwana ist die höchste Wahrheit
In der Lehre des Buddhas.
Sie ist leer und so schön,
Dass sie wunschlos glücklich macht.

Wer verweht, der erlebt
Die höchste Gnade
Des Nirwanas.

Tiefe

Händeringend
Tiefer dringen
In das Wesen
Aller Dinge.

Suchen,
Ohne zu fluchen.
Reiner Geist,
Der tief verweilt.

Wahre Wege
Und das Verwehen.
Das Licht erstrahlt
In der Wahrheit.

Doppelte Natur
Oder echte Ruhe?
Der Sinn deines Lebens
Bleibt das Geben.

Sieh besser hin
Und finde den tiefsten Sinn.
Es ist wahr,
Denn es ist Nirwana.